NOTES D'UN VOLONTAIRE

CHAUMONT. — IMPRIMERIE C. CAVANIOL.

NOTES

D'UN

VOLONTAIRE

AU 50E DE LIGNE

PAR

H. SORET

PROFESSEUR D'HISTOIRE AU LYCÉE DE CHAUMONT
EX-VOLONTAIRE AU 50e DE LIGNE.

PARIS
LIBRAIRIE DE E. DENTU, ÉDITEUR
PALAIS ROYAL

1872

NOTES D'UN VOLONTAIRE

I

SÉJOUR A LANGRES ET AU CAMP DE CHALONS

A cinq heures du matin, ma feuille de route en poche, je me dirigeai vers la gare ; mes amis m'y attendaient. Nous devisons joyeusement en attendant le départ ; nous parlons politique, littérature, affaires municipales, chemins vicinaux ; le soleil était radieux, et nous nous aperçumes à peine du retard d'une heure éprouvé par le convoi.

J'arrive à Langres en compagnie d'un garde mobile, receveur de l'enregistrement. Nous gravissons la montagne et nous allons tout droit au café du Balcon, rendez-vous des officiers de l'armée et de la mobile. Je suis connu des uns et des autres. Le capitaine Denis, du 50e de ligne, me demande ce que je viens faire.

— M'engager dans votre régiment.

— Bonne idée ! Donnez-moi votre feuille de route, je vous recommanderai, vous serez dispensé de corvées, vous entrerez de suite au bataillon de guerre, cela vous évitera l'ennui de rester indéfiniment au dépôt, et vous ferez campagne.

Je remercie M. Denis, pendant que M. X...., capitaine de la mobile, murmure entre ses dents :

— Voilà un bon conseil pour se faire casser la g..... immédiatement.

Je déjeune avec M. X...., nous allons ensemble à la caserne, l'on me présente à l'adjudant et au sergent-major ; ils me confient à un sergent pour passer la visite et m'habiller militairement. Je subis cette double cérémonie en compagnie de deux porte-faix ivres ; le tailleur nous choisit un pantalon, des épaulettes, une capote, un veston, un képi ; le cordonnier, une paire de souliers ; une giberne et un chassepot portant le numéro 85,862 me sont confiés ; on m'indique ma chambrée, on me montre mon lit, et je vais passer ma première nuit à la caserne.

La citadelle de Langres, composée de bâtiments carrés et voûtés à l'épreuve de la bombe, est entourée à l'intérieur de vastes cours; c'est une immense caserne. Malgré la régularité du plan, l'on a d'abord de la peine à se reconnaître dans ces escaliers et ces chambrées qui se ressemblent; il faut longtemps chercher sa place, et subir les mauvaises plaisanteries et les airs défiants des soldats. On s'y reconnaît enfin, et quand on a fait choix sur la mine de quelques camarades, on se sent moins isolé, et la tristesse qui vous envahit d'abord se dissipe peu à peu; il faut s'habituer à la vie de caserne. Je connaissais les dortoirs des lycées, froids pendant l'hiver, brûlants pendant l'été, mais propres et habités seulement pendant la nuit. La chambrée d'une caserne sert, au contraire, aux soldats le jour et la nuit; ils y passent le temps où ils ne sont pas à l'exercice et à la promenade; aussi ressemble-t-elle à une ruche, sauf l'ordre et la propreté. Les uns mangent la gamelle qu'ils ont rapportée de la cuisine, d'autres dorment étendus sur leurs lits, d'autres chantent, astiquent leurs boutons, cirent leurs souliers ou raccommodent leurs habits. Quelques-uns écrivent des lettres que des camarades lisent par-dessus l'épaule. On va, on vient, on se heurte; les quolibets, les jurons voltigent, ou bien des plaisanteries dans ce genre : Messieurs, qui est-ce qui m'invite à déjeuner? voyons, ne répondez pas tous à la fois. — Eh bien! camarade, Madame votre mère vient de vous envoyer cinq francs, j'espère que nous allons tortiller cela ; et la recrue suit en maugréant celui qui s'invite si obligeamment. De huit à neuf heures, il faut se coucher, car on se lève à quatre heures du matin ; les conversations, et quelles conversations! continuent de plus belle, on est ennuyé, agacé, on s'endort. A dix heures les chandelles sont éteintes. Ma première nuit fut mauvaise, mon lit était d'une saleté révoltante, mon voisin criait en rêvant. Celle qui suivit, je dormis mieux. La troisième, mon sommeil fut profond. Les gros draps de toile, la paillasse usée et dégoûtante me laissaient indifférent. Le matin, j'allais me laver à la pompe de la citerne, et je remarquai que l'eau qui avait servi à cet usage, était restituée là où on l'avait prise. J'appris le mécanisme intérieur du chassepot. Les deux jours suivants, j'allai à l'exercice pour savoir ce qui nous était le plus indispensable, le maniement du fusil.

La complaisance de mes chefs me permettait de sortir de la citadelle à certaines heures. Je parcourais la ville de Langres, encombrée de soldats et surtout de mobiles en costume bourgeois, jeunes gens qui venaient comme à une fête sans se douter encore des épreuves qui les attendaient. Leurs officiers, enfermés dans la place depuis quinze jours, se plaignaient de leur oisiveté. Ils ne voulaient pas être soldats pour rire. Plusieurs d'entre eux, que l'amour-propre avait poussés à rechercher ces fonctions ; avaient ce noble orgueil de vouloir s'exposer aux mêmes périls que l'armée. Je vois avec plaisir plusieurs Chaumontais supporter allégrement les travaux de leur nouveau métier et en désirer d'autres plus sérieux.

Je retrouve à Langres mon ami Guignet, arrivé de sa campagne pour mettre à la disposition de la défense ses talents d'ancien officier de génie. Il ne se fait pas d'illusions, il sait que la place de Langres, sérieusement attaquée, ne pourra résister à l'ennemi ; elle n'a que deux mille hommes quand il en faudrait treize mille ; il sourit de pitié en entendant des habitants de la ville qui le félicitent de s'être mis à l'abri dans leurs murs ; ils se figurent que dans un siége le génie n'est pas exposé. Nous lisons ensemble les tardives proclamations du préfet de la Haute-Marne, qui se décide enfin à appeler les citoyens aux armes, celle du maire de Langres qui astreint les habitants à loger les militaires et menace d'enfoncer les portes des absents ; en somme, la ville de Langres, confiante dans son assiette, ses canons, le nombre d'hommes qu'elle renferme, est beaucoup moins agitée que la ville ouverte de Chaumont. La présence de tant de défenseurs armés ou non la rassure ; elle s'étourdit sur la situation.

Je ne veux pas prendre congé de la citadelle de Langres sans dire un mot de la cantine et de la cantinière. La cantine, située au rez-de-chaussée, sert de restaurant aux sous-officiers, et de cabaret aux soldats, qui y dépensent leur solde et l'argent envoyé par les parents. Elle se compose de trois ou quatre salles voûtées et infectes. La cantinière, revêtue d'une robe graisseuse, y fait retentir sa voix rauque. Le vin et les aliments grossiers qu'elle débite lui rapportent un bénéfice considérable. On me dit qu'il n'en est pas ainsi en temps de paix. Les soldats trouvent dans son bouge une nourriture préférable au bœuf insipide et au riz mêlé de pain qu'on leur sert d'ordinaire, et qu'ils n'ont presque jamais la force d'achever.

Pendant les quelques jours que j'ai passés à Langres, j'ai été frappé, sinon de la mauvaise qualité des aliments, du moins de la façon dont ils étaient accommodés ; il était difficile d'être plus mal dans une ville dont les abords étaient encore libres. On était unanime à ce sujet.

Le 15 août, jour de la fête de l'empereur, les soldats eurent pour récréation l'exercice et le travail des fortifications. Ils ne se gênaient nullement pour témoigner leur mécontentement.

Le 16, dans l'après-midi, la trompette sonne le départ.

Il fallut auparavant distribuer des sacs et des effets de campement. On se précipite chez le sergent-major, qui nous remet des toiles et des piquets. Les sacs tardent longtemps. Une partie du bataillon est en route, l'autre attend encore. Enfin j'obtiens un sac. Le sergent-major bourre ma giberne et les poches de ma capote de cartouches, et me souhaite un bon voyage. Je rejoins mes camarades dans la cour. On s'aligne, et nous traversons la ville de Langres au nombre de sept cents, commandés par un sergent. Des chansons obscènes, des chants patriotiques sont hurlés. Nous arrivons au chemin de fer, le train était parti. Nous restons près de la gare ; la nuit était froide. Les plus heureux s'étendent sur le parquet des salles, au risque d'être écrasés par la foule ; d'autres couchent sur l'herbe et des tas de pierres. Quelques-uns, et je suis du nombre, vont se mettre à l'abri dans une remise malpropre où ils s'étendent sur la dure. Ce fut mon apprentissage de la vie des camps et peut-être ma nuit la plus mauvaise. Des ivrognes et des farceurs s'amusent à essayer la portée de leurs armes, et à tirer contre les planches de notre asile ; nous sommes réveillés en sursaut, nous courons après les auteurs de ces gracieusetés, nous ne les découvrons pas. Le même bruit recommence sur d'autres points, en provoquant les mêmes clameurs. Enfin le jour arrive, on marche pour se réchauffer jusqu'à l'arrivée du train. Nous sommes entassés dans des voitures à bétail, difficiles à escalader, incommodes à habiter. Nous partons pour Chaumont.

La gare de cette ville contenait un véritable corps d'armée. Le maréchal Mac-Mahon était au bureau du chef de station. Notre lieutenant veut s'adresser à lui pour savoir où il doit mener ses hommes, il ne peut l'aborder. La moitié de notre bataillon, partie la veille pour Chalons, avait retrogradé. Nous comprenons qu'il y a du désordre ; l'ennemi n'est pas loin ; on murmure qu'il est dans le Bassigny, c'est-à-dire à nos portes. Je rencontre plusieurs de mes amis de Chaumont, j'échange avec eux des poignées de main, je ne puis me défendre d'une certaine émotion en me voyant devant eux sous le costume dont je m'étais affublé.

Nous partons au bout d'une heure. Aux gares de Joinville, Chevillon, Saint-Dizier, la population crie : Vive Mac-Mahon ! et s'empresse autour des soldats. Elle a fait l'accueil le plus hospitalier à ceux d'entre nous qui ont passé la veille. Je suis sorti de mon wagon à bœufs pour aller dans le compartiment du lieutenant Rambert, officier aimable et spirituel. Le sous-lieutenant Baugeois, dont j'ai fait la connaissance à la gare, a été charmant pour moi. Grâce à la protection de ces Messieurs, je m'installe dans un compartiment de seconde, où je puis, à mon aise, m'appuyer et dormir. Nous passons à Saint-Dizier et à Vitry, bicoque destinée à tomber aux mains de l'ennemi à la première attaque. La journée et la nuit se sont passées pour faire trente lieues. Notre train arrive enfin au Petit-Mourmelon. Le bataillon met pied à terre et s'achemine vers le camp. Les recrues chantent *les Girondins ;* les vieux soldats, qui les regardent passer, rient de leur enthousiasme. Au camp, nous sommes répartis en différentes compagnies, j'appartiens à la troisième compagnie du premier bataillon; un caporal m'appelle à ma tente.

Me voilà dans ce camp de Châlons dont j'entends parler depuis si longtemps.

Je me suis servi de l'expression de camp de Châlons pour désigner notre nouvelle résidence. Ce terme n'est point exact : nous ne sommes point campés près du Grand-Mourmelon, et nous ne pouvons dépasser le Petit, barré par des factionnaires ; une masse d'hommes borde la route qui s'étend du village de Bouy au Petit-Mourmelon. Devant nous coule la Vesle, encadrée dans la verdure des arbres. Derrière nous s'étendent de vastes champs, terminés par des bouquets de bois. Le terrain est maigre, quoique cultivé.

Nous trouvons d'abord le séjour de la tente bien préférable à celui de la caserne. Nous sommes mieux nourris, car nous faisons notre cuisine nous-mêmes. Les distributions sont abondantes, les légumes à bon marché. Nous avons, pour nous distraire, des promenades, auprès des régiments de turcos, d'artilleurs, de chasseurs à pied, de zouaves, et de cavaliers qui couvrent la plaine. Deux fois par jour nous faisons l'exercice. Nous apprenons à tirer debout et couchés. Nous souillons nos effets de poussière et de boue. Nous nous fatiguons sans trop nous plaindre, et nous regagnons notre tente de bonne humeur. La musique militaire joue le soir et nous distrait. Je dîne plusieurs fois avec les officiers qui rivalisent de gaieté.

J'ai retrouvé là l'excellent lieutenant Muzère qui se réjouissait d'aller au feu, qu'il connaissait déjà. Sur le champ de bataille de Sedan il eut l'épaule fracassée. Je m'égaie de ces mille riens qui charment la vie un peu monotone du soldat. Ainsi je m'amuse à voir un lièvre, poursuivi par des chasseurs improvisés, faire mille détours, perdre la tête, et venir se jeter dans les bras d'un fusilier. De malheureux perdreaux, troublés dans leur retraite, ont l'imprudence de s'envoler. Des cris les dérangent. Ils veulent se reposer, ne savent où s'arrêter, se relèvent pour voler encore, jusqu'à ce que, hors d'haleine, ils tombent lourdement à terre. En un clin d'œil ils sont ramassés, déplumés, et bouillent dans la marmite de l'heureuse escouade qui en est possesseur. Plus tard, sur le champ de bataille, je voyais aussi des perdreaux et des lièvres, dérangés par les obus, s'abattre dans nos rangs; mais personne ne les saisissait.

Les corvées du camp me paraissent faciles : elles consistent à aller chercher de l'eau, du bois, de la paille d'avoine pour se coucher. Nous coupons impitoyablement les bosquets qui bordent la rivière. Les jardins du village de Bouy sont dévastés; cela m'étonne d'abord. Plus tard nous devions en voir bien d'autres. Une partie des habitants s'est enfuie; les maisons sont généralement fermées. Dans quelques-unes d'entre elles on vend de la viande et du pain. Il y a toujours une queue immense à la porte du bureau de tabac où l'on débite du tabac de cantine. Quant au vin, ce sont les cantinières qui nous en procurent. Avenantes et jeunes encore, elles ne ressemblent en rien au souillon graisseux de Langres. Les officiers, faute de mieux, ne dédaignent pas de leur faire la cour ; elles acceptent leurs compliments en souriant.

Au moment de nous mettre en campagne, on fit partir ces pauvres femmes sur Paris. Elles pleuraient en nous quittant, regrettant notre compagnie et les bénéfices qu'elle leur valait.

J'étais bien tombé en fait d'escouade ; mon caporal ne m'imposait pas de corvées pénibles ; deux camarades s'étaient constitués volontairement mes couturières et mes blanchisseuses ; mon linge était lavé dans l'eau de cette malheureuse petite rivière qui servait à la boisson, au bain et au blanchissage de quatre-vingt mille hommes, sans compter les chevaux. Pendant la journée, elle roulait de la vase et de l'eau de savon ; pendant la nuit, elle s'éclaircissait ; en se levant au petit jour on pouvait espérer de n'avoir point une eau souillée.

Si la journée était assez agréable, en revanche les nuits étaient rudes. Nous n'avions pas de couvertures (on n'en donna qu'à la fin) ; plusieurs n'avaient pas de veston ; il fallait dormir enveloppé seulement de sa capote. Nous nous couchons la tête couverte de notre képi et appuyée sur le sac. Nous n'étendons pas trop nos jambes, car elles pourraient soulever la toile de nos tentes, et l'humidité est glaciale. On se réveille les pieds et les jambes froides, les épaules brisées. Il faut s'accoutumer à ce genre de lit. Pendant la journée, on dort, quand on peut, une heure ou deux ; mais alors la tente devient trop chaude, il est préférable de la relever et de s'étendre en plein air.

Tous ces ennuis nous paraissent peu de chose. Les soldats avaient confiance dans le nombre de l'armée et le mérite de Mac-Mahon. Ils pensaient marcher au secours de Bazaine, ou du moins livrer bataille aux Prussiens dans ces vastes plaines, si peu propres aux surprises. Les officiers sont moins confiants ; quelques-uns parlent de la médiocrité impassible de Mac-Mahon et exaltent Bazaine. Le premier a ses partisans qui le défendent chaleureusement. J'assiste silencieux à ces discours auxquels mon ignorance de la tactique m'empêche de me mêler.

Le séjour du camp de Châlons ne perfectionna pas beaucoup mon instruction militaire. J'y avais été trop peu de temps ; mais il m'apprit à connaître le soldat, que j'avais déjà observé à la caserne. Il faut, pour le bien étudier, oublier les lectures fantaisistes qu'on a faites, la morale en action, et les victoires et conquêtes avec les récits empreints d'un esprit chevaleresque, c'est-à-dire inexact : le soldat peut être un héros, mais c'est à ses heures et à certains moments. Passé cela, vous ne trouvez guère chez lui trace d'héroïsme, ni de sentiments délicats. — Une phrase m'avait frappé dans les œuvres de Frédéric : « Le ventre, dit-il dans son français grossier, est la base du succès. » Je vis combien elle était juste, tout le temps que nous fûmes en campagne. La principale occupation du soldat (tel que je l'ai connu) n'était point la bataille qu'on allait livrer demain, les exploits à accomplir, le grade à gagner ; non, c'était tout simplement le café, le déjeuner et le dîner. Avec quel soin religieux on écumait la soupe, avec quel amour on regardait cuire un délicieux *Frichtig*, composé de morceaux de viande coupés menu et cuisant avec du lard et des légumes! Quelles disputes au sujet des portions plus ou moins égales! Quelles accusations contre le cuisinier soupçonné de détourner la moëlle pour s'en régaler à part! Et ce n'était point le fait assez naturel d'hommes affamés. Non, semblables aux enfants ou aux sauvages, ils auraient passé toute la journée à manger, si on les eût laissés faire. Cinq fois par jour, ils auraient fait cuire du bœuf ou bouillir du café. A tout prendre, la conversation sur des sujets culinaires était encore la plus intéressante de toutes, parce qu'elle était raisonnable. Je la préférais beaucoup à celles qu'on tenait quand le vin et la bonne chère avaient délié les langues. Alors je rougissais pour mon pays du degré d'ignorance, de grossièreté et d'abaissement du sens moral où étaient plongés nombre de ces jeunes gens. Ce n'est pas qu'ils fussent dépourvus de connaissances tout à fait élémentaires; généralement ils savaient lire, écrire une lettre plus ou moins orthographiée, et faire quelques opérations d'arithmétique. Mais là s'arrêtait leur science. Politique, histoire de leur pays, géographie étaient pour eux lettre close.

Etaient-ils pour ou contre Napoléon III? à l'exception des parisiens et des soldats de quelques villes, ils n'en savaient rien. Quand ils passaient devant lui, ils poussaient machinalement le cri de : vive l'empereur, prêts à s'enthousiasmer en sa faveur, ou à l'accabler d'injures selon les caprices de la fortune. L'un de mes camarades d'escouade me dit gravement :

— Vous savez, quand l'empereur passe, on doit crier.

— Si l'on veut.

— Oh ! non, on doit crier, c'est le réglement.

Les anciens militaires ne se faisaient aucune idée du chiffre de notre armée ; leur imagination grossissait le nombre des bataillons rangés devant nous.

— Je vous dis, Monsieur, qu'il y a plus de trois cent mille hommes au camp de Châlons.

— S'ils y étaient, leur répondis-je, on ne les y laisserait pas, on les mènerait au secours de Metz ; on refoulerait l'ennemi sur le Rhin.

— Oh ! je m'y connais, on veut attirer ici les Prussiens pour les écraser.

Ils ne se donnaient pas la peine facile de compter le nombre des régiments campés à côté d'eux.

Demander à de pareils hommes ce que c'était que le Corps législatif, le Sénat, les Conseils généraux, eût été peine perdue.

Le plus curieux était de les entendre raisonner stratégie. Presque tous prétendaient que la flotte française bloquait Berlin ; seulement ils ne savaient au juste sur quelle mer ce port était situé. Un méridional soutenait que la résistance serait longue, parce que le Dniéper apportait des grains à la ville assiégée. Quand nous traversions le département des Ardennes, il y en eut qui me demandèrent s'ils approchaient de Lyon, bonne garnison où ils avaient déjà demeuré. L'ignorance n'est pas seulement risible : les conséquences sont plus graves; elle est cause que les hommes ne se rendent pas compte de leur situation, et les dispose à la présomption ou à l'abattement. Il n'eût pas fait bon soutenir (après Sedan) à cette tourbe ignorante que les généraux n'étaient pas des traîtres. On avait été trahi à Wissembourg, à Reischoffen, à Sedan. Nos généraux vendaient à beaux deniers comptants la France et l'empereur (pour l'homme grossier l'argent est tout), comme si la disproportion des forces et l'ignorance de celles de l'ennemi n'étaient pas des raisons suffisantes de nos défaites. Le moindre troupier balançait son bonnet de police d'un air capable, en disant : Tout le monde sait que nous sommes vendus. Comment le détromper et lui prouver que la trahison est rare chez les chefs quand ils ont tout à perdre et rien à gagner, et que l'honneur l'interdit?.. c'est une tâche à laquelle de plus habiles que moi n'eussent pas réussi.

Le dernier Gouvernement craignait pour les soldats la contagion des journaux ; il avait bien tort. Les soldats ne lisent pas les journaux, même quand ils les ont sous la main. En revanche ils répètent les nouvelles les plus impossibles. Les prisonniers du camp de Sedan s'annonçaient à l'oreille que nous allions être délivrés par Abd-el-Kader qui arrivait à la tête de cent mille Arabes ; qu'une flotte américaine, portant une armée de deux cent mille hommes, venait à notre secours ; ils tenaient cette nouvelle d'un chasseur auquel un sergent l'avait dit. La fausseté démontrée des bruits de la veille ne les empêchait pas d'ajouter foi à ceux du lendemain. C'était au point que les nouvelles, même les plus vraisemblables, nous laissaient incrédules, tant que leur vérité ne nous était pas matériellement démontrée.

La probité était chez beaucoup de militaires à la hauteur de la science. Les régiments d'Afrique ont donné depuis longtemps des exemples qui n'ont été que trop suivis. Les turcos ont, malgré nos revers, maintenu leur réputation militaire ; mais ils ont conservé celle d'être d'intrépides pillards. Le reste de l'armée les redoute. Ils volent leurs voisins de campement, s'emparent des vivres qui leur sont destinés, et les vendent à un prix élevé. Ils sont la terreur des campagnes ; ils franchissent haies et clôtures, forcent les cabanes de poules et de lapins, et battent au besoin les propriétaires quand ils se sentent en force. Ces Arabes, jetés en France, s'y conduisaient comme au milieu des tribus barbares du Saharah ; les chasseurs d'Afrique, habitués à vivre en pays ennemi, gardaient aussi quelques-unes des traditions d'une vie de lutte et de hasard. En quelques instants leurs tentes étaient dressées, le feu allumé, la paille apportée. Mais gare aux propriétés voisines : armés de hachettes, ils coupaient les arbres fruitiers pour faire du bois, dévalisaient les fruits même verts, arrachaient les raisins aux treilles. Les zouaves les imitaient ; les régiments de ligne, moins habiles à camper rapidement et à se procurer ce qui leur était nécessaire, faisaient souvent comme les autres, sans avoir l'excuse du manque d'argent. Que de fois j'ai vu des paysans refuser de nous vendre une poule qu'ils cédaient à bas prix à un officier. C'est que les malheureux savaient que le premier qui entre paie, mais que ceux qui le suivent profitent du moment où le vendeur est inattentif pour faire main basse sur tout ce qui est à leur portée. L'aubergiste qui se laissait envahir, voyait son vin, ses liqueurs, ses fromages, volés par des soldats qui se vantaient ensuite de cet exploit.

Si beaucoup de soldats maraudaient, d'autres mendiaient. La mendicité était la lèpre de notre armée ; dans les marches, pendant notre captivité, ces misérables, disaient d'une voix lamentable : Nous mourons de faim ! et leurs poches étaient pleines de pain. Etourdis par des libations d'eau-de-vie, ils imploraient un verre de vin ; les gens des campagnes, charitables pour le soldat, se laissaient prendre aux lamentations de ces quémandeurs toujours les mêmes, qui sortent en foule des rangs, retardent la marche, insultent les officiers et les sous-officiers qui les rappellent à leurs devoirs, et sont le fléau de l'armée par leur indiscipline et leur bassesse.

Comme il arrive toujours après les revers, des officiers supérieurs se sont plaints de l'insolence et de la désobéissance des soldats, qu'ils ont attribuée au trop de camaraderie entre soldats et officiers, à la façon trop paternelle dont les fautes les plus graves étaient punies, enfin, que sais-je, à l'excitation des mauvais journaux. Nous connaissons la valeur de cette dernière accusation ; le soldat ne lit rien. Les deux autres sont plus motivées, mais une discipline sévère et même cruelle n'y remédierait pas. Facile à la caserne, elle devient impossible en campagne.

Là, les sentiments d'honneur et de respect de soi-même contiennent surtout le soldat. On n'a ni le temps ni le pouvoir de punir ces hommes qui ne sont plus enfermés dans les murs étroits d'une caserne. Deux choses bien supérieures à la discipline militaire sont nécessaires pour grandir l'âme du soldat à la hauteur de ses devoirs : l'instruction et la moralisation. Elles font souvent défaut, parce que les classes qui devraient en donner l'exemple ne se trouvent pas dans les rangs de l'armée. Sur les sept cents recrues, parties avec moi de Langres, il n'y avait peut-être pas un jeune homme appartenant à la bourgeoisie, très-peu qui eussent une instruction [1] soignée. En revanche, on y trouvait des remplaçants qui combattaient, selon leur expression, « pour des sous ; » des soldats de la conscription et de la réserve qui ne se gênaient nullement pour dire que ce n'était point de leur plein gré qu'ils avaient pris les armes ; enfin, des engagés volontaires, dont plusieurs avaient été poussés dans nos rangs par la faim plutôt que par le patriotisme. Cette troupe se conduisit bien au feu. Combien eût-elle été supérieure, encore si elle eût compté dans ses rangs un cer-

[1] Par instruction soignée, nous entendons la connaissance de notre pays, de ses intérêts, de ses besoins, celle des annales de notre histoire, la lecture de nos bons auteurs. Cela est accessible à tout le monde, mais cela ne suffit pas encore. Il faut prendre part aux affaires de la France, s'exprimer librement sur elles, et ne pas dire comme je l'ai entendu stupidement répéter à tant d'hommes : « Je ne me mêle pas de politique. »

tain nombre de jeunes gens, sachant pourquoi ils se battaient, d'un patriotisme éclairé, inaccessibles au découragement comme à la présomption. Les événements n'ont que trop montré combien le dévouement de tous ses enfants était nécessaire à la France.

Il serait superflu de prouver que nous devons suivre ici sans réserve l'exemple de nos ennemis. Tout le monde doit être soldat dans un pays où tout le monde est citoyen.

II

DÉPART DU CAMP DE CHALONS.

Nous savions que notre séjour au camp de Châlons ne devait pas se prolonger; aussi ne fûmes-nous nullement surpris quand on nous prévint le soir d'avoir à nous tenir prêts pour le lendemain. Cette précaution empêche les officiers et les soldats de s'absenter, mais elle coûte le sommeil à la plupart des hommes. Dans leur impatience de partir, beaucoup ne se couchent pas ou se lèvent à minuit. Ils font la cuisine, crient, chantent, s'apostrophent à haute voix, démontent leurs tentes, marchent sur celle du voisin; quelque endurci qu'on soit à de pareils bruits, on est bien forcé de se lever, d'errer transi dans la brume et d'allumer du feu. Quelques tasses de café achèvent de réchauffer l'estomac ; on se sent dispos et prêt à marcher : la vigueur se soutient pendant une partie de l'étape ; mais, si elle se prolonge, la lassitude s'empare des membres, on dort à chaque pause, on se réveille alangui. Des traînards se détachent de la colonne ; des hommes éclopés se couchent dans le fossé, sans que les exhortations les raniment ; quand on est arrivé, on a juste assez de force pour s'étendre par terre. Quelques-uns se disent malades, d'autres rechignent pour aller à la corvée ; les uns et les autres seront fidèles à l'heure de la soupe et trouveront des forces pour la manger. Il n'en est pas moins vrai que l'imprévoyance du soldat lui fait payer cher la privation volontaire qu'il s'est infligée.

C'est bien assez d'être réveillé à deux heures du matin pour les besoins du service, quand on s'est couché à dix heures du soir et qu'on a marché pendant toute la journée. Une telle existence exige un corps de fer, et l'on s'étonne de voir tant d'hommes, même jeunes et vigoureux, la supporter avec tant de facilité.

Il semble que pour faire de longues marches il faudrait être surchargé le moins possible ; c'est le contraire qui arrive ordinairement. Le soldat, en campagne, doit porter avec lui du biscuit, du pain, du riz, du lard, des vivres pour trois jours, et, à tour de rôle, un bidon, une gamelle ou une marmite, souvent remplie de viande. Il emporte tout cela au moment d'aller au-devant des blessures et de la mort. Il doit se préoccuper d'arranger ses effets, de façon à leur faire tenir le moins de place possible, de penser à son repas du soir qu'il ne fera peut-être pas, de n'oublier aucun des objets qui pourront lui être utiles.

Une heure avant le combat, vous n'entendez pas de conversations belliqueuses, mais des paroles dans le genre de celles-ci :

— Qui est-ce qui me prête une aiguille ?

— Camarade, ne touchez pas à mes biscuits.

— Avez-vous du tabac ?

— N'oubliez pas le sel et le riz !

— Attention à la gamelle !

On croirait être dans un restaurant où l'on prépare à dîner.

A quatre heures du matin, on distribue des biscuits. Ils sont de deux sortes : les carrés épais et rebelles aux mâchoires les plus fortes ; il faut les amollir dans l'eau ou les rôtir pour les rendre accessibles à la dent ; les ronds sont plus minces et plus croquants. On mange le biscuit comme une friandise; il est plus savoureux que le pain, mais il a l'inconvénient d'exciter la soif et de charger l'estomac sans le satisfaire. On s'en dégoûte bien vite et on le donne aux passants pour s'en défaire.

La marche du régiment sonne ; on a mis sac au dos. Le camp est définitivement abandonné, car on va brûler les couvertures et les baraques, pour que rien ne serve à l'ennemi. Marchons-nous en avant ou battons-nous en retraite ? voilà ce que nous ignorons. Je crois que nous allons rejoindre Bazaine, en voyant que nous allons suivre la route de Reims.

Notre première étape commence.

Nous marchons lentement ; nos haltes sont fréquentes à cause de l'encombrement des troupes entassées sur une seule route.

Aussi loin que la vue peut s'étendre, se déroule un flot d'uniformes ; point de musique pour égayer la marche. Les conversations, d'abord animées, se calment peu à peu ; le soleil darde sur nos têtes, nous devenons silencieux. Nous nous reposons sur le bord d'un canal et nous gagnons la grande halte ; elle a lieu dans un champ, aux portes d'un village ou bourg.

Le pays n'est pas encore épuisé par le passage des troupes. Un propriétaire nous offre du vin dont il refuse le payement. Nous nous asseyons près d'un champ de pommes de terre ; une jeune fille vient nous supplier de les épargner ; c'est, dit-elle, l'unique ressource de sa pauvre famille. Nous la rassurons. Elle nous avoue qu'elle a beaucoup de chagrin du départ de son cousin pour l'armée, qu'elle a préparé du jambon pour lui, mais qu'elle ne le voit pas ; nous profitons du jambon préparé pour le cousin, et nous partons dans la direction de Reims.

Décidément la route devient fatigante ; le fusil blesse l'épaule droite, on le met sur la gauche, on le met en bandoulière ; vains palliatifs ! il fait toujours mal. Nous arrivons enfin sur des côteaux ondulés, dominés par une colline ; au bas de nous coule la rivière de la Vesle, dans des terres marécageuses ; on s'étend à terre boiteux, éreinté. Quand on a repris un peu de courage, on va chercher du bois et de l'eau ; ce travail repose de celui de la marche, car on est déchargé du sac et du fusil. Je croyais ne pouvoir plus mettre un pied devant l'autre, quand mon caporal me dit qu'il se rend à Reims pour la corvée ; je demande à l'accompagner. C'est douze kilomètres à ajouter à ceux que nous avons déjà faits. Mais je veux voir une grande ville, admirer l'église cathédrale, lire les journaux, écrire à ma mère. J'oublie mes pieds endoloris.

Nous traversons le beau village de Cormanteuil ; nous apercevons les turcos qui en dévastent les jardins maraîchers, et mettent au pillage les concombres, la salade et les choux : c'est le prélude obligé de leur séjour.

La cathédrale et son portail sculpté nous arrêtent pendant quelque temps; nous nous hâtons de faire nos emplettes. La nuit tombe; nous partons chargés de vivres pour la compagnie.

Au retour, nous nous égarons ; nul ne peut nous renseigner sur la situation de notre régiment ; nous sommes exposés à courir inutilement. Dans ces villes improvisées, qu'on appelle les camps, il est très-difficile de se retrouver ; un régiment ne connaît pas le régiment voisin ; on est exposé à errer pendant plusieurs heures durant la journée, à plus forte raison quand on n'y voit plus. Un franc-comtois, nommé Rozé, nous tire d'affaire; il examine la situation des feux, et nous dit :

— C'est là !

Nous traversons des champs labourés, nous heurtons des maraudeurs effrayés. A dix heures nous retrouvons nos compagnons qui venaient de se régaler d'une soupe au sel et à l'eau.

Pendant notre absence ils ont amassé de la paille, nous avons presque chaud.

Le lendemain, point de départ ; nous en profitons pour nous reposer, et je ne résiste pas au désir de revoir la grande ville industrielle où le bruit des métiers et des machines est remplacé par celui des soldats. Un dîner, composé d'œufs, de porc frais et de salade, nous est servi dans un cabaret ; il me coûte un franc cinquante centimes ; je le trouve délicieux, et je reviens au camp de bonne heure avec un parisien, dont la conversation pittoresque me fait oublier les soucis du moment.

Le signal du départ est donné pendant la nuit ; on perd à se préparer au départ trois heures qu'on eût pu mieux employer à dormir. Nous retournons sur nos pas ; mais le temps ne nous favorise plus ; une brume épaisse nous enveloppe, elle se transforme en averse ; nous sommes trempés et nous faisons halte dans un champ défoncé, parsemé de flaques d'eau. Assis sur nos sacs, nous nous abandonnons au sommeil malgré la pluie qui tombe à flots ; un rayon de soleil survient, les soldats en profitent pour se battre avec des boules de terre et souiller leurs habits. Nous continuons à suivre les chemins de traverse de cette partie stérile de la Champagne. Partout des champs où manque la terre végétale ; des plantations de pins sylvestres et d'épicéas rabougris frappent nos regards ; point d'eau potable dans ce pays désolé. Ceux que la soif dévore boivent l'eau blanchâtre et bourbeuse des fossés. Ni villages ni habitations sur notre route. Nos regards interrogent vainement les environs pour y découvrir le toit d'une maison. Des cavaliers, des officiers d'état-major, sont en tête de la colonne ; des hussards galopent sur les flancs; mais les bois qui nous environnent peuvent renfermer des ennemis; aucun éclaireur ne les fouille.

Nous entrevoyons enfin deux villages au fond d'un vallon, Juniville et Béthinville, je crois. Ils sont dominés par des chemins d'usine. Nous campons entre les deux sur la terre nue; au moins avait-elle eu le temps de sécher. Le lendemain on se remet en route; la marche est courte. On tâtonne; on attend peut-être l'ennemi. Nous évitons toujours les routes frayées. Nous séjournons une nuit à Pont-Faverger, puis nous gagnons Attigny; ce lieu me semble d'un funèbre présage.

Je pense à la fin de la dynastie carlovingienne et aux destinées qui attendent la France. Le séjour d'Attigny est agréable; les habitants hospitaliers. Là, notre capitaine m'apprend que je suis promu au grade de caporal et que je passerai bientôt sergent, car, — ajoute-t-il, — après le prochain combat qui ne tardera pas, il y en aura plusieurs de démolis.

Je prends possession de ma nouvelle dignité et je m'aperçois qu'elle n'est pas sans épines.

Le caporal est roi dans son escouade; il peut punir les hommes, les envoyer à la salle de police ou à la garde du camp. On lui dit « vous » et on l'appelle « mon caporal; » sa solde s'élève à vingt centimes, le soldat n'en a que cinq. Mais là s'arrêtent ses prérogatives.

Le caporal en campagne n'est guère que le pourvoyeur et le distributeur des vivres. Quand il est de semaine, c'est lui qui doit acheter ce qui est nécessaire à la compagnie ; il est exposé aux soupçons parce qu'on l'accuse de spéculer sur ses hommes, et d'exagérer le prix des vivres en empochant le surplus de l'argent ; dans l'argot du soldat cela s'appelle *faire du fourbi*. Ceux auxquels il a affaire sont si maladroits, qu'ils l'accusent presque toujours à tort et se laissent attraper sans s'en apercevoir. Il est ou doit être écuyer tranchant ; c'est lui qui partage la viande cuite ou crue, nouveaux motifs à réclamation, quoiqu'on tire les portions au sort. Enfin, et ceci est le plus ennuyeux, il désigne les hommes de corvée et ceux qui doivent porter les effets de campement. Là, il se heurte contre la mauvaise volonté, la fatigue, parfois la maladie de ses subordonnés ; chacun prétend que son tour n'est pas venu. Il faut employer successivement la douceur et les menaces.

Mon escouade était en abrégé l'image de l'armée.

Il y avait un Bas-Breton, homme honnête et courageux, quoique lent ; un Angevin, trompette de la compagnie, avisé et bon cuisinier ; des Charentais, des Blaisois, un Franc-Comtois, un habitant de Saint-Etienne. Tous les idiomes s'y entrechoquaient, quoique l'accent méridional y retentît le plus haut. Toutes les professions y étaient représentées. L'un d'eux avait même des prétentions à être ténor et nous faisait entendre le soir de grands airs d'opéra. Il est vrai que c'était le plus parcsseux et le plus mauvais soldat de l'escouade.

Ce qui rendait le métier de caporal très-pénible, c'était l'heure où se faisaient les distributions. Généralement elles avaient lieu la nuit. On ne pouvait dormir deux heures de suite sans entendre crier :

— Caporal, à la distribution !

Quand on n'en faisait pas, c'était bien pis, il fallait courir dans les villages pour trouver du pain qu'on rapportait soi-même, en courant après la colonne, et on arrivait surchargé, haletant, couvert de sueur.

Je ne mentionne pas les campements où nous séjournâmes ensuite ; je ne citerai que celui de Woncq, à cause des désagréments tout particuliers auxquels nous y fûmes exposés.

Arrivés par une pluie battante, nous nous arrêtons pour passer la nuit. Deux heures après, il faut se mettre en marche au pas gymnastique. Puis nous revenons sur nos pas, nous retrouvons l'emplacement fangeux de nos tentes ; nous nous étendons sur des tiges de pommes de terre, nous dormons, ou pour mieux dire, nous essayons de dormir.

La journée se passe à dévaster les champs de pommes de terre, à arracher la paille des meules, à parcourir le village dans tous les sens pour y trouver quelque chose.

Le lendemain, nous partons. La pluie reprend ; nous la recevions tristement, quand un bruit de fourgons ou de charrettes frappe nos oreilles. Eloigné d'abord, il se rapproche de nous, c'est un feu de tirailleurs assez vif. Les coups de fusil redoublent, puis s'éloignent. On nous dit que c'est un engagement avec de la cavalerie prussienne, qui est repoussée. Point d'autre renseignement plus certain. Toujours l'ignorance ou des nouvelles fausses et bientôt démenties.

Nous traversons un bois par une large voie boueuse. Nous gravissons une côte, la redescendons et nous allons nous établir sur le revers opposé de la montagne.

Non loin d'un canal, à droite et à gauche, sont deux villages interdits, comme toujours, par des factionnaires. On tourne autour d'eux ; on découvre un sentier. On pénètre au cœur de la place et l'on passe fièrement, pour revenir, devant les sentinelles.

Ici je dois signaler un des principaux vices de l'armée. Pendant notre campagne, tantôt le soldat vivait dans l'abondance, tantôt il était exposé à la disette. Le camp était bien consigné, mais on ne pouvait empêcher les hommes d'aller chercher du bois, de l'eau et des vivres. De là un grand nombre d'absences légitimes ou non. Les officiers eux-mêmes, privés des choses les plus nécessaires, encourageaient cet abus, ou au moins fermaient les yeux. Le camp cuisinait, dormait, et ne pensait point à l'ennemi ; ce désordre et cette négligence facilitèrent singulièrement ses succès.

A Wissembourg, le 50e avait été surpris; notre clairon me racontait qu'envoyé en ville pour emplettes, il était revenu, au bruit du canon, sur une charrette.

A Beaumont, le 46e fut assailli brusquement par des obus et des balles. Dans le premier combat, les soldats perdirent leurs sacs et leurs effets de campement, les officiers leurs malles et leur argent. Une discipline sévère, assurée par des distributions plus régulières, eût prévenu ce malheur.

Nous avons quitté les terres stériles de la Marne pour entrer dans l'arrondissement de Vouziers et le département des Ardennes ; les terres grasses et fortes ont remplacé les plaines, les bois de chêne et les plantations de sapin ; les villages sont bien bâtis. Beaucoup de maisons ont l'aspect de petits manoirs. Il est vrai que l'intérieur ne répond pas à l'extérieur. Les habitations des cultivateurs et des gens du peuple sont sales ; des solives enfumées tiennent lieu de plafond. La terre remplace souvent le parquet ; cependant le pays respire l'aisance.

Nous avions longé précédemment les bords de l'Oise ; nous gagnons ceux de la Meuse à travers de vastes prairies, nous la passons, et, après un arrêt dans une ville au nom historique, nous allons camper sur un côteau escarpé qui domine un canal.

Il fait frais le soir, mais les feux du camp répandent leur joyeuse lumière. Des torrents de fumée montent au ciel. Des lueurs rougeâtres illuminent les faisceaux, des groupes disposés de la façon la plus bizarre allongent leurs ombres devant les tentes. Ce spectacle qui charme les amateurs du pittoresque laisse le soldat insensible. Il en est de même du lever du soleil, qui le trouve et le laisse presque toujours de mauvaise humeur, car c'est le moment le plus froid de la journée. Les premiers jours, je le contemplais déchirant de ses rayons la vaste nappe de brume. Puis je devins comme les autres. Jean-Jacques Rousseau en eût fait autant à ma place.

Les poteaux kilométriques nous apprennent que nous nous rapprochons tour à tour de Sedan, de Mouzon, de Vouziers et de Montmédy. Nous savons que les Prussiens sont à Stenay. Aussi, en marchant vers Carignan, nous nous attendons à une bataille prochaine. Des voyageurs nous disent qu'on se bat ; nous entendons distinctement le bruit du canon.

On fait courir le bruit que le corps de Steinmetz, poussé par Bazaine, va être rejeté sur nous ; il a voulu gagner les frontières de la Belgique, dont Carignan est peu éloigné ; nous allons lui en couper le chemin.

Nous suivons une route bien entretenue, bordée de peupliers. Un de mes hommes, exalté par les libations, quitte les rangs. J'essaie inutilement de le retenir, il entre dans une auberge et disparaît. Nous ne le revîmes plus.

Nous entrons à Carignan, entourée des ruines d'anciennes fortifications. L'empereur s'y trouvait et regardait le défilé ; il était à pied, en uniforme. Des officiers poussent des vivats, des soldats les imitent ; d'autres font entendre à côté de moi des paroles injurieuses. Au camp de Châlons les cris, sans être unanimes, avaient été plus nombreux, lorsqu'il avait passé à cheval avec son fils. A Carignan, comme à Châlons, je ne remarquai rien de particulier sur son impassible visage.

Notre camp était situé à peu de distance de la ville, à laquelle tout le monde pouvait se rendre. J'écris un mot chez la receveuse de poste pour rassurer ma famille. Elle me fait observer que le chemin de fer est coupé et que ma lettre aura du moins du retard.

Des quantités considérables d'approvisionnements étaient arrivées ; on les distribue le lendemain. Le soldat est chargé de café, de biscuit et de sucre. Malheureusement on le laisse défoncer des tonnes d'eau-de-vie et en remplir ses bidons. On a beau lui arracher cette funeste boisson des mains; au moment du départ plusieurs hommes tombent ivres-morts. On les relève, ils promènent çà et là des regards hébétés, se recouchent à terre, et restent abandonnés à leur abrutissement.

Nous marchons rapidement sous un soleil ardent. Sur le penchant des collines qui courent au midi s'élèvent des grands nuages de fumée ; puis le bruit du canon se fait entendre ; il devient de plus en plus distinct. C'est le corps du général Lebrun aux prises avec l'ennemi ; nous nous rapprochons du champ de bataille, nous faisons halte dans un vallon dominé par des bouquets de bois. L'artillerie est postée sur le plateau. J'entends un colonel dire à un officier :

— Vous voyez ces bois en face de nous ; s'il plaisait à messieurs les Prussiens d'arriver ici le cigare à la bouche, nous serions culbutés en un instant, nos pièces seraient prises, car je ne vois pas un éclaireur, pas une vedette pour nous prévenir.

Je redescends près de la route qui traverse le vallon, nous voyons sortir tout à coup du bois un cavalier, puis deux, puis un plus grand nombre; ils vont tranquillement à la file les uns des autres, mais on ne peut reconnaître leur uniforme; cependant ils ne s'approchent point de nos troupes.

Aussitôt, sans en avoir reçu l'ordre, des soldats s'embusquent dans les fossés et tirent sur cette troupe suspecte; immédiatement elle fait volte-face et regagne le bois avec une prestesse merveilleuse.

Un traînard de mon escouade vient me dire tout effaré que des uhlans ont fait feu sur lui pendant qu'il cueillait des oignons.

Des voitures, chargées d'objets de literie, de couvertures, passent à chaque instant; des femmes les suivent en pleurant. Décidément, l'ennemi n'est pas repoussé; il est à nos trousses. Des dragons sont lancés à la poursuite des cavaliers, mais sans pouvoir les atteindre. Nous commençons alors une marche de nuit, la plus mortellement fatigante que j'aie faite. Nous mettons trois heures pour faire une lieue. La température est fraîche, la transpiration se glace sur les membres. Nous traversons un village, franchissons un pont et gravissons une colline qu'on nous dit voisine de Sedan. C'est là que nous devons passer la nuit.

A demain la bataille. Nous n'y pensons guère en ce moment, nous avons seulement envie de dormir.

Je n'admire plus le sommeil des Alexandre et des Condé la veille d'une bataille ; s'ils dormaient ce n'était point par grandeur d'âme, mais tout simplement parce qu'ils étaient fatigués.

III

BATAILLE DE SEDAN.

Nous avions passé la nuit couchés dans la boue ; le temps était froid. Beaucoup de soldats, rompus par la fatigue, n'avaient pu ou n'avaient pas voulu dresser leurs tentes. Ils s'étaient couchés sur la terre, couverts de leurs toiles ; un grand nombre d'entre eux dormaient encore après l'appel du matin. Leurs têtes pâles, amaigries, immobiles, les faisaient ressembler à des cadavres. Le frisson et la fièvre glaçaient les membres ; il n'y avait point eu la veille d'aliments chauds ; faute de bois on s'en passa encore le matin. Mais on savait qu'on devait combattre, et la perspective d'une lutte imminente ne tarda pas à réchauffer bien des cœurs qui, sans cela, auraient été abattus par la misère.

Il est cinq heures du matin. Nous descendons la hauteur sur laquelle on nous avait juchés ; nous traversons un vallon ; déjà la canonnade retentit de toutes parts. Nous gravissons une colline ; la troisième compagnie prend position dans un champ moissonné où nous sommes éloignés encore des projectiles de l'ennemi. La majorité de nos hommes n'avait jamais été au feu. Les détonations continuelles, les boulets perdus qui viennent tomber au milieu de nous ne les intimident pas. Assis sur leurs sacs, ils plaisantent sur le peu d'efficacité du tir des Prussiens. Un malheureux musicien est atteint à la cuisse d'une balle perdue ; on le transporte à l'ambulance, sans que le moral de ses compagnons en soit affecté.

Les cartouchières sont à la portée de la main ; on fait jouer les ressorts du chassepot ; nul ne doute de faire un excellent usage de ces armes.

Nous voyons défiler les turcos, lestes, agiles, allant au combat comme à une fête. Non loin de leurs turbans blancs se détachent les habits sombres des tirailleurs à pied ; l'aspect de ces belles troupes dissipe mes tristes pressentiments, accrus par les nouvelles de la défaite de Beaumont.

Notre régiment va jouer un rôle glorieux comme à Wissembourg et à Freischwiller. Ici nous ne serons plus surpris, nous sommes en force. Le terrain est accidenté, nous pouvons tirer à deux cents mètres.

Aborder les Prussiens à la baïonnette et la victoire est à nous. Telles sont les espérances dont nous nous repaissons.

Cependant le feu devient plus violent et plus intense de part et d'autre. On nous crie :

— En avant !

Une marche rapide nous conduit dans des réduits en terre, improvisés par les soldats du génie.

— La hausse à trois cents mètres, commandent les officiers.

Tout à coup l'ordre est donné de nous coucher dans un champ ; nous nous étendons, les fusils appuyés sur des choux, afin que le canon ne se remplisse pas de terre. Surtout il ne faut pas tirer avant d'en avoir reçu l'ordre. Les armes sont au cran de sûreté. Alors commence une longue et pénible attente.

Le soleil darde sur nos têtes ; il n'y a point d'eau dans les bidons ; ceux qui ont conservé de l'eau-de-vie ne peuvent en faire usage, car elle brûle les gosiers altérés et les estomacs vides.

Impossible de préciser le nombre d'heures que nous passâmes dans cette situation.

Mon compagnon de combat, familier avec la guerre, protégeait son visage avec son coude, et me répétait de temps en temps :

— Caporal, ne vous découvrez pas ainsi. Ne vous levez pas, vous vous ferez tuer.

Mais la curiosité était plus forte : je voulais voir les positions de l'artillerie, regarder déboucher l'infanterie prussienne, jusqu'alors invisible, guetter le moment où nous pourrions combattre.

Un incident puéril rendait ma situation intolérable. L'homme, placé au second rang, s'étendait sur mes jambes de tout son poids ; j'avais beau me retourner, lui lancer les imprécations les plus significatives, il ne quittait un instant sa position que pour s'installer commodément sur ma personne.

Cependant les décharges devenaient de plus en plus multipliées ; les obus avec leur sifflement sinistre, la mitraille dont le bruit imite celui de pierres lancées par des frondes, les balles des fusils Dreys dont le bruissement est semblable à celui de l'aile d'une abeille, se succèdent sans interruption. Le tir, d'abord incertain se rapproche de nous. Des nuages de terre sont soulevés dans le camp ; évidemment on nous a vus, et nous commençons à servir de point de mire. Mais nous nous sentons rassurés par le tir des mitrailleuses françaises et celui de notre artillerie. Notre feu n'est pas aussi violent que celui de l'ennemi, mais il est peut-être plus juste.

J'ai enfin aperçu les Prussiens qui sortaient du bois, alignés par escouades. Je vois la terre soulevée devant eux par les boulets ; ils reculent et disparaissent derrière les arbres qui les avaient abrités.

Il est midi. La bataille se maintient. Des artilleurs viennent s'installer à quelque distance de nous ; notre troupe avance, ou du moins nous le croyons. Nous sommes bientôt détrompés. Les projectiles ennemis nous avaient d'abord assaillis de front ; ils commencent à nous prendre en écharpe. L'artillerie française ne se fait presque plus entendre, le bruit de nos mitrailleuses a cessé, nous commençons à croire que nous sommes cernés.

Breulet, mon ancien caporal, fait entendre un gémissement ; il a le talon emporté par un éclat d'obus et demande de l'eau. Notre lieutenant s'approche de lui, le console et lui offre de l'eau-de-vie, seule boisson qu'il puisse lui procurer. Le blessé en boit à longs traits.

— Transportez-moi à l'ambulance, mes amis, sauvez-moi, s'écrie-t-il.

— Mon ami, lui dit le lieutenant, on ne peut vous transporter. Nous sommes ici comme vous. Le même sort nous attend. Après le combat on vous relèvera ;

maintenant on ne peut faire venir un médecin sous un feu pareil.

Le son d'un râle d'agonie arrive jusqu'à moi, c'est le fourrier de la compagnie qui a la tête fracassée.

Mon voisin se soulève sur son coude et me dit tranquillement :

— Caporal, nous sommes fumés.

— C'est donc plus fort qu'à Wissembourg?

— Oui, je n'ai jamais entendu de détonations semblables.

Je m'endors profondément. Je ne sais combien de temps dura mon sommeil ; il fut interrompu par la conversation du colonel Ardouin avec un commandant d'artillerie.

— La journée était à nous, disait ce dernier ; mais nous ne sommes pas soutenus.

Nous voyons en même temps, au fond du vallon, sur la lisière du bois, s'entasser une longue queue de blessés et de fuyards de toutes armes : fantassins, chasseurs à pied, zouaves, artilleurs. Nous ne bougeons point de place.

C'est dans ce moment critique que les hommes de sang-froid et de courage se manifestent.

Notre colonel se promène tranquillement derrière nous la figure impassible. Un obus coupe l'oreille de son cheval qui tressaille; il ne daigne pas en descendre, malgré les prières de ses soldats.

— Allons, s'écrie-t-il, bon courage ! Voilà le général Douay qui arrive; la journée se rétablit. Nous avons le temps de regagner la bataille, restons en place.

En avant de nous, le brave capitaine Beaufort est atteint d'une balle à la cuisse; il n'en persiste pas moins à se tenir debout.

— Je marche avec une balle dans les chairs, disait-il à ses soldats; vous pouvez bien marcher avec votre sac sur le dos.

Le lieutenant Regnoux répond à ceux qui lui demandent pourquoi il ne se couche pas :

— Parce qu'il faut que je voie.

Le sous-lieutenant Beaugeois, récemment sorti de Saint-Cyr, a choisi une place périlleuse ; il conserve le calme d'un vieux soldat.

Je ne vous oublierai pas, sergent Sarte, héros inconnu, qui avez égalé les plus braves. Des généraux semblables à vous auraient pu mourir, mais n'auraient point capitulé. Je vous vois toujours encourageant les soldats par votre bonne humeur et ces plaisanteries excellentes sur le champ de bataille :

— Il n'est pas défendu de saluer les obus ; quant aux

balles et aux boulets, on ne leur doit pas de politesse, cela ne sert de rien.

— Eh bien, là bas ! vous faites attention à un homme mort ! Voilà une belle affaire. Il faut bien qu'il y en ait quelqu'un qui attrape un pruneau de temps en temps.

Un obus était tombé devant moi sans éclater ; un autre avait éclaté à cinquante centimètres en me couvrant de terre.

— Eh bien ! caporal, êtes-vous touché ?

— Non.

— Quand je disais que c'étaient des f...... maladroits. Cependant je vous conseillerai ce soir de vous brosser.

Quelques secondes après cette réflexion, je vois la figure du sergent couverte de sang ; il y porte la main gauche.

— Je n'y porte point la droite, dit-il, parce que je crois qu'elle est piquée...... Mon colonel, puis-je aller à l'ambulance ?

Le bras droit pendant, la tête appuyée sur la main gauche, il alla se faire panser. Le bonheur voulut que ses blessures fussent légères ; il s'est guéri et a, si je ne me trompe, échappé aux Prussiens.

Nons étions encore couchés à terre, attendant notre

sort, quand des coups de canon se font entendre à côté de nous.

Sont-ce les Français qui les envoient ?

C'est probable, car ils partent d'un cimetière à peine distant de trois cents mètres. Nous sommes détrompés en voyant les boulets tomber au milieu de la colonne de fuyards, massée le long du bois. Elle se disperse en tout sens. Cette fois on nous crie :

— Debout ! Par file à gauche ! Ne vous serrez pas ainsi. Quand on est bien espacé, une bombe n'en tue que deux au lieu de six.

Nous éprouvons un véritable soulagement de n'être plus couchés comme des bestiaux liés pour l'abattoir. Nous marchons en ordre, descendant la pente du vallon. J'avais soif ; j'essaie de me désaltérer en arrachant une carotte que je ne parviens pas à manger tout entière.

Un voisin, tout en marchant, cueille des oignons, pour la soupe du soir, dit-il.

Nous remontons dans une espèce de chemin protégé par un petit talus.

— Halte ! Debout ! Face à l'ennemi !

On s'arrête ; la retraite commence définitivement ; elle devient difficile.

Le cercle se resserre autour de nous ; on veut se retrancher derrière un bouquet de bouleaux.

— Prenez garde, dit le lieutenant Regnoux ; il est exposé au feu du cimetière, auquel nous ne pouvons répondre.

Nous laissons le bosquet à droite.

Quelques minutes après, les branches étaient coupées par les projectiles comme les épis par la faucille.

Nous redescendons près de l'ambulance située au château de Bellevue. Nous la dépassons pour ne pas exposer les blessés au feu de l'ennemi. On veut s'engager dans une allée de tilleuls, mais l'artillerie y défile. On prévient en même temps le colonel qu'une colonne arrive pour nous couper.

Il ne reste plus qu'une issue pour échapper : ce sont des jardins en amphithéâtre, étagés sur la colline et entourés de haies séparées par des terrasses. Là, point de passage, ou des issues étroites, à peine suffisantes pour laisser passer un homme. Impossible de conserver ses rangs, même de rester ensemble. Le colonel avait recommandé de veiller sur le drapeau ; je l'accompagne. On essaie inutilement d'enfoncer, à coups de crosse, la porte d'un jardin ; on passe à travers la haie ; on grimpe sur un mur, j'arrive au sommet, quand je suis précipité au bas. Je me relève, des camarades me tendent la main. Je parviens à la franchir, mais j'ai perdu la colonne. Un homme de mon escouade est tué.

Nous passons dans des charmilles où des hommes buvaient tranquillement du vin pillé dans le château. La mitraille les chasse ; nous entrons dans des vergers où je cueille une pomme que je mange en marchant.

A ce moment, harassé de fatigue, étouffé par la chaleur, mourant de soif, je n'avais plus ni crainte ni espérance. Je marchais comme une machine, ne me préoccupant plus des obus qui coupaient les branches, ni des balles qui sifflaient.

Quelques camarades me rejoignent ; nous entrons dans un autre verger. Un homme à barbe blonde nous crie :

— Crosse en l'air !

Nous le regardons d'un air hébété.

C'était un officier prussien, escorté de quelques soldats, qui venait de faire des prisonniers. Son imprudence lui coûta cher. Par un mouvement instinctif, nous armons le fusil, nous mettons l'arme à l'épaule.

En un clin d'œil, l'homme et ses compagnons sont renversés.

Les prisonniers se sauvent ; mais le feu des Prussiens redouble.

Nous apercevons les remparts de la ville de Sedan. Une foule nous pousse, nous entraîne dans des fossés profonds ; on y descend par un talus. Le revers opposé est formé d'un mur à pic. Des officiers, des soldats de toute arme, quatre mille hommes peut-être, y étaient entassés. Cinquante Prussiens leur auraient fait mettre bas les armes. Des lâches crient :

— Ne tirez plus; crosse en l'air ! Nous nous rendons.

Les Prussiens ne les entendent pas ; il s'agit de sortir de cette impasse maudite. Nous arrivons près d'une espèce de muraille en terre de vingt pieds de haut. On attache une voile à un piquet, on jette en bas son sac et son fusil, on se balance en l'air et on arrive à terre avec le risque de tomber dans un trou profond.

Je passe sur le pont-levis de la porte Balan, je me glisse entre les jambes des chevaux, j'entre dans la ville encombrée déjà de fourgons d'artillerie.

Un bourgeois m'accorde avec beaucoup de peine la permission de m'étendre sur le parquet d'une chambre démeublée. J'y repose une heure avec délices. Ce peu de temps suffit pour me rendre quelques forces ; je vais alors sur les remparts chercher mon régiment. Je ne trouve que des hommes dispersés çà et là, perdus au milieu d'autres troupes.

Couchés nonchalamment sur le gazon des remparts, insensibles à la canonnade qu'on entendait, et considérant d'un œil indifférent les bombes qui tombaient sur la ville, — ils en avaient tant vu ! — je partage du biscuit avec eux et je bois de l'eau, car il était impossible de se procurer autre chose.

Deux enfants de dix à douze ans s'adressent à nous en pleurant ; ils ont perdu leurs parents et ont faim. On leur donne du biscuit, de l'argent ; on les console du mieux qu'on peut.

Le clairon de ma compagnie passe. Il me dit qu'il y a un armistice, qu'il va sonner la cessation du feu.

J'entrevois la possibilité d'une nuit tranquille, et je cherche les moyens de me la procurer : c'était ma seule pensée en ce moment.

IV

SÉJOUR A SEDAN.

Il s'agissait de trouver une maison hospitalière où je pusse réaliser ce projet, et, de plus, faire raccommoder mon pantalon qui, décidément, voulait me quitter.

Je me souvins que je connaissais à Sedan un manufacturier et un ancien collègue en retraite. M. Bernard, le premier, devait me donner l'adresse du second. Je me fais indiquer sa maison. Le difficile était d'y parvenir. Peu ou point d'habitants civils dans les rues ; les maisons étaient hermétiquement fermées, crainte de l'envahissement et du pillage. On aurait dit une place prise d'assaut. En revanche, une fourmilière de soldats s'agitait, se pressait, se poussait, les uns allant dans un sens, les autres dans un sens différent, sans but, sans direction.

Les fantassins couvrent les trottoirs ou dorment debout contre les portes cochères, les fourgons des artilleurs et leurs canons occupent la largeur de la rue. Les cavaliers circulent comme ils peuvent.

Il me fallut près d'une heure pour faire quelques centaines de pas au milieu de cette cohue; glisser sous le ventre des chevaux et des mulets, grimper sur les canons; passer sous les roues des fourgons avec mon fusil et mon sac. Arrivé au port, après des efforts inouïs, je trouve le manufacturier. M. B..... ne me reconnut pas sous mon accoutrement; quand je me fus nommé, il me donna le renseignement que je lui demandais et me parla de ses tristes préoccupations ; il ne redoutait rien pour sa famille envoyée en Belgique, ni pour lui-même, car il était brave; mais il songeait avec amertume à la ruine de sa maison, à la destruction de ses draps, aux désastres financiers dont il pouvait être victime ; par contre-coup, mon odyssée allait recommencer et pendant la nuit il faut de nouveau s'exposer à la mauvaise humeur des chevaux, fouler aux pieds les hommes endormis, subir les rebuffades des concierges, peu disposés à ouvrir leurs portes. J'arrive enfin à la maison où demeuraient M. Bernard et sa mère. Cette fois j'étais entré dans le port. Accueilli à bras ouverts, déchargé de mon sac, de mon fusil, de mon ceinturon, je vis ces braves gens, oubliant les dangers qui les menaçaient, ne penser qu'au soldat fatigué qui leur demandait asile. Je mange un potage, je dévore un morceau de viande cuite dans son jus, je bois du vin; tous mes maux sont assoupis. Je goûte le sentiment égoïste du bien-être; mes hôtes s'associent à ma satisfaction, ils supportent mon bavardage; nous parlons de Chaumont, de nos anciens amis, et, quand la conversation s'est terminée, je vais gagner un lit, luxe que je ne connaissais plus. Il me parut si inouï que je reposai, mais je dormis peu. Je me réveillai pour savourer le plaisir de me sentir bien étendu, de pouvoir me retourner sans avoir à redouter le froid de la tente, ni les coudes de mes compagnons de nuit.

Le lendemain, bien réconforté, je me remets à la recherche de mon régiment; de meilleures nouvelles circulaient : on disait que Bazaine avait remporté une victoire; une sortie allait être tentée, nous devions le rejoindre.

Je hêle des soldats du 50e. Nous formons un groupe assez nombreux. Notre général de brigade nous indique le quartier d'Asfeld, situé sur les remparts, comme lieu de rassemblement. Nous y trouvons ce qui reste de notre régiment ; officiers et soldats se reconnaissent et se félicitent d'avoir échappé aux périls. On donne un regret bien court à ceux qui ont succombé. Le temps manque pour être sensible, et le danger endurcit. C'est ainsi qu'un capitaine, avec lequel j'avais passé de joyeuses soirées, me disait le lendemain de la bataille :

— Voyez à quoi tiennent les destinées :

Je causais tranquillement avec mon lieutenant et mon sous-lieutenant lorsqu'on m'appelle à l'extrémité de la compagnie ; une bombe arrive, tue trois hommes avec mon lieutenant, blesse grièvement mon sous-lieutenant, moi j'en ai été quitte. Nous nous réjouissons de son heureuse chance et nous pensons fort peu aux absents. Sur le champ de bataille l'homme est un insecte éphémère ; il est oublié aussitôt qu'il a disparu.

Les quelques moments de joie qu'il est permis de ressentir dans une situation semblable ne durèrent pas longtemps.

Des officiers nous apprennent que nous ne combattrons plus, parce que la paix va être faite. Les officiers seront emmenés en Allemagne, les sous-officiers et soldats renvoyés dans leurs foyers.

Accueillie avec désespoir par un certain nombre, cette nouvelle ne produit pas la même impression sur beaucoup de soldats. Fatigués par les luttes et les revers, ils étaient contents de rentrer chez eux, sans s'occuper si les conditions de la paix étaient déshonorantes. Ils étaient contents de se soustraire au danger.

Quelques jours plus tard, je devais entendre les mêmes hommes exprimer leur indignation contre les généraux qui les avaient livrés, se plaindre qu'on ne les eût pas appelés à faire un effort désespéré, à mourir plutôt que de se rendre.

J'étais là, et je puis affirmer que les chefs les plus énergiques n'auraient pu tirer aucun parti de ces hommes démoralisés par les revers.

Nous étions campés sur les magnifiques remparts de Sedan, gazonnés et plantés d'arbres, d'où la vue s'étendait sur les fossés et la campagne. Des cadavres raidis, des effets militaires abandonnés frappaient nos regards. Je descends et je m'empare d'une couverture de cheval. Le cavalier, mort depuis vingt-quatre heures, étendu sur la terre, avait la figure couverte de mouches et d'insectes. Je fais le tour du cimetière de Sedan, ébréché par la mitraille. Des corps d'hommes et de chevaux en bordent les murs. Je me détourne de ce spectacle hideux et je me hâte de rentrer dans la ville.

Le pillage des approvisionnements s'y continuait. On défonçait des tonneaux de biscuit. Le riz était répandu dans la poussière, sans qu'on daignât le ramasser. Les artilleurs puisaient de l'eau-de-vie dans des barriques, puis les laissaient couler dans la rue. Point d'ordre, pas un chef pour empêcher ce pillage. Je me rappelle les scènes historiques de Wilna et de Smolensk où une armée affamée détruisit, en quelques heures, ce qui aurait pu la faire subsister pendant un mois.

Les proclamations de l'empereur tapissent les murs, elles menacent des tribunaux militaires les lâches de Beaumont. Celles du général de Wimpfen nous annoncent que nous sommes prisonniers, sans nous indiquer au juste les conditions de la capitulation. Nous ne savons si nous pourrons garder nos sacs, si nous ne serons pas fouillés, etc.

Décidément, le soldat est un être trop infime pour qu'on daigne lui parler de ce qui le concerne.

Je continue ma route.

J'entre, sur la place Turenne, dans un grand café où des soldats étaient étendus sur les banquettes. La muraille était percée par une bombe. Un jeune homme, la figure ensanglantée et entourée de bandes de linge, me dit qu'il a été blessé, qu'il n'y a plus rien dans la maison, que les turcos ont volé les liqueurs. Des officiers prussiens parcourent les rues et s'arrêtent au pied de la statue de Turenne. Les bivouacs de l'ennemi s'aperçoivent sur les hauteurs ; des postes avancés sont établis autour des jardins.

Découragé, je remonte au bastion d'Asfeld. Nos officiers sont en train de briser leurs sabres qu'ils ne veulent pas livrer à l'ennemi, mais la bonne trempe de ces armes résiste ; on peut les tordre, non les casser.

La nuit arrive ; nous campons sous un noyer dont l'ombrage et le tronc nous protégent un peu contre la pluie et un vent épouvantable.

Le lendemain, notre colonel nous fait ses adieux et exprime ses regrets de nous quitter ; sa parole est accueillie avec un recueillement triste. Le premier au combat, le dernier à la retraite, il avait donné à ses soldats un exemple qui avait été suivi.

La seconde journée se passa encore à errer dans les rues de Sedan. Nous nous rendons compte de la situation de cette malheureuse ville, couverte d'un côté par la Meuse, de l'autre par des remparts élevés, au pied desquels sont creusés des fossés profonds.

Autrefois Sedan était une place de guerre formidable ; aujourd'hui elle n'a plus la même importance, parce qu'on peut l'atteindre depuis les hauteurs environnantes avec les canons à longue portée. Le génie militaire l'avait conservée à cause de l'élévation de ses remparts et de la bonté de ses eaux.

Telle qu'elle était avec ses maisons entassées les unes sur les autres, et aussi élevées que celles de Paris, la ville eût été brûlée en quelques heures ; mais les remparts, avec leurs nombreuses casemates, auraient arrêté l'ennemi ; il est vrai qu'il fallait pour cela une garnison médiocre. Tout corps nombreux eût été embarrassant et écrasé par des projectiles.

Sedan, au lieu d'appuyer notre corps d'armée, lui a été funeste. Si la ville eût été ouverte, plusieurs régiments auraient échappé.

V

CAPTIVITÉ DANS LA PRESQU'ILE.

L'ennemi nous a fait savoir ses ordres. Nous devons partir le matin ; les officiers nous accompagneront. Le régiment s'aligne machinalement ; on se met en marche. Une première porte est franchie. Nous traversons la Meuse et les prairies inondées, nous sortons de l'enceinte fortifiée, et nous voilà dans une espèce de faubourg ou de village, cheminant à travers une fange épaisse. Les Prussiens ne nous ont pas encore apparu. Nous les voyons enfin alignés, dans un champ ; quelques-uns sourient, d'autres observent tranquillement et allument leurs pipes à celles de nos soldats. Ils n'ont pas l'air trop farouche et paraissent bonnes gens. Quand ils nous ont passé en revue, nous traversons le pont du canal, bordé d'une double haie de peupliers, et nous suivons une route accidentée qui remonte la Meuse.

Une idée me vient à l'esprit : c'est que Mézières est pris, pour qu'on nous fasse prendre une pareille direction..... La place n'était pas prise ni même attaquée. Je ne le sus que plus tard.

Nous sommes trempés par de fréquentes ondées jusqu'à l'entrée du village d'Iges, où nous nous arrêtons sans avoir un abri. Vient un contre-ordre qui nous fait revenir sur nos pas ; nous sommes ramenés au pont du canal, que nous trouvons barré. Nous devons camper au bas de la levée avec des chasseurs d'Afrique et des régiments de ligne ; l'artillerie et la cavalerie garniront les pentes de la montagne, *soixante* ou *quatre-vingt mille* prisonniers, au moins, sont réunis ensemble.

Le lieu choisi par les Prussiens, pour nous garder, convenait admirablement à sa destination.

C'était une presqu'île formée par la Meuse, et dont la base était fermée par un canal qu'on passait sur deux ponts. Les peupliers nous barraient la vue du côté de Sedan ; à notre gauche un village entouré de vergers, avec une église et un château ; à droite un beau châlet, dont les jardins sont disposés en amphithéâtre sur la colline.

En aval, sur la Meuse, près du village d'Iges, à trois kilomètres de là, il y avait encore un camp de prisonniers, resserré par les replis de la Meuse. De l'autre côté du fleuve, aussi loin que s'étendait la vue, nous apercevions les lignes noires des régiments prussiens. Les bords du canal et de la Meuse étaient garnis de factionnaires.

Au premier aspect, l'emplacement du camp n'avait rien de déplaisant. Les soldats pouvaient aller et venir ; ils n'étaient ni consignés ni enfermés ; d'ailleurs on avait l'espoir de n'y pas rester longtemps.

Ces réflexions ne furent pas de longue durée.

Un orage épouvantable éclate sur nos têtes ; dans tout autre temps il nous eût effrayés. On recherche inutilement contre l'averse l'abri dangereux des peupliers. Quand la tempête est calmée, nous dressons nos tentes dans la boue d'un champ en contre-bas, bordé de deux rigoles où séjourne une eau bourbeuse et sans écoulement ; c'est au soleil et à l'évaporation à la faire disparaître. Heureusement, il y a encore du biscuit et du lard ; le café nous réchauffe. Nos hommes rapportent d'abondantes provisions de pommes de terre ; je soustrais de la paille à un paysan ; nous la tassons sur la terre mouillée. Des camarades apportent avec orgueil des poulets, qu'ils prétendent avoirachetés, et que je suppose avoir été pris à la petite guerre.

Un rayon de soleil luit ; la journée se termine mieux qu'elle n'a commencé. La nuit est pluvieuse, mais nos abris nous protégent, la tente n'est pas inondée, cela nous suffit.

Nous commençons à faire connaissance avec les Bavarois. Plusieurs officiers parlent français. Les soldats se chargent de nos lettres écrites au crayon et en allument leurs pipes. Nous échangeons du biscuit contre du tabac allemand grossier, dont les feuilles sont à peine séchées.

Trois jours se passent ; l'ennui commence à nous envahir ; la fraîcheur des nuits, la nourriture, rare et mauvaise, engendrent la dyssenterie. La pluie tombe sans interruption. Pendant la nuit, nos pieds trempent dans l'eau, les rigoles qui entourent nos tentes se transforment en lacs. Nos officiers viennent nous demander asile, leur tente est devenue tout à coup une mare. Nous nous serrons les uns contre les autres avec nos habits mouillés, nous réchauffant un peu à la chaleur du voisin. On se lève les membres brisés, le corps endolori, et la nourriture vient à manquer : plus de lard, plus d'eau-de-vie, plus de café, point de biscuit ; restent les pommes de terre, vertes pour la plupart, et qui laissent dans la bouche un goût d'amertume. Il devient bientôt difficile de s'en procurer; tous les champs ont été explorés; les artilleurs ont trouvé une charrue ; ils labourent et glanent les tubercules oubliés.

La famine commence : un biscuit coûte un franc, une bouteille de vin sept francs, d'eau-de-vie dix francs, un petit verre cinquante centimes, une pipe de tabac cinq sous. Les soldats jettent aux Prussiens de l'argent enveloppé dans un mouchoir ; ceux-ci leur renvoient en échange, de l'autre bord du canal, quelques morceaux de pain noir. Souvent le paquet tombe dans l'eau, argent et vivres tout est perdu.

La dyssenterie augmente ; des émanations infectes saisissent l'odorat. J'essaie d'y échapper pendant la journée, en errant sur la route, en parcourant les villages dévastés ; mais la nuit il faut ajouter cette souffrance à celle qu'on éprouve déjà ; on est parfois littéralement suffoqué. Les chevaux, sans maître en grand nombre et privés de nourriture, courent çà et là pendant la nuit, ils se jettent sur les tentes, attirés par la paille qu'elles renferment ; écartés par les cris et les coups, ils vont se ruer sur d'autres tentes et foulent les hommes aux pieds.

Nous n'avons plus rien à manger. Ces animaux, exténués par le besoin, sont notre unique ressource. Malgré la défense des Prussiens, nous abattons les moins malades, nous nous jetons sur eux comme une nuée de corbeaux. Pendant quatre, jours leur viande nous soutient. Elle est cuite sans sel ni assaisonnements et provoque des vomissements. Pour faire cuire cet aliment insipide il a fallu ramasser le bois sec, puis couper les haies, les saules, les pommiers ; on s'attaque ensuite aux arbres d'agrément ; les orangers eux-mêmes finissent par disparaître.

Privés d'une nourriture supportable, nous n'en souffrions pas moins du manque d'eau potable. Le canal était rempli de cadavres de chevaux. Ces pauvres animaux, chassés vers le camp des Prussiens, ont voulu nous rejoindre. En entendant le son de nos trompettes, ils se sont jetés dans le canal; mais leurs forces les ont trahis, et leurs ventres ballonnés s'élèvent à la surface de l'eau ; même spectacle dans la Meuse : le barrage du fleuve est couvert de chevaux morts, et dans les joncs qui le bordent on voit se balancer les corps des zouaves et des turcos noyés en essayant de s'enfuir, ou tombés sous les balles des factionnaires. On croirait que ces malheureux sont attachés par les pieds. Deux pompes existent au château ; on fait queue pour obtenir de l'eau, on se presse, on s'étouffe, on se bat. Souvent, quand le bidon est plein, il est renversé.

Un moulin sur la Meuse tourne incessamment ; on y

vend de la farine aux troupes pour un franc. On remplit le quart d'un mouchoir et très-peu en obtiennent. Je finis cependant par payer un franc un petit morceau de pain que nous nous cachons pour manger avec le sergent Humbert.

Comme pour insulter à notre misère, la trompette nous appelait à la distribution. Nous attendions cinq heures sous une pluie battante, les jambes enterrées dans la boue, ayant pour toute distraction le départ des généraux, que les Prussiens entassaient dans la cour d'une auberge, et qu'ils conduisaient ensuite sous bonne escorte. Rassasiés de ce triste spectacle, nous revenions les mains vides, et le lendemain c'était à recommencer.

Nous pataugions dans la fange; de fausses alertes nous faisaient courir ça et là et toujours en vain. Nous revenions à notre tente trempés, le ventre vide, et nous n'en dormions pas mieux.

Les distributions arrivèrent enfin. La première se composa d'un demi biscuit par homme et d'un pain de quatre livres par compagnie. Le lendemain nous avions un peu de sel; cela nous donna l'idée malheureuse de faire cuire des betteraves avec de la viande de cheval. Cette racine crue, indigeste, ne fait que redoubler la dyssenterie dont nous sommes atteints. Je fais goûter ce mets à M. Maes-Maker, avocat belge, qui est venu visiter notre camp. Bien différent des porteurs de brassards et des ambulanciers de contrebande, il apportait du pain et des consolations aux malheureux prisonniers, prenait leurs lettres, se chargeait de leurs commissions, et faisait ce que d'autres, payés pour cela, eussent dû faire à sa place.

Cependant les départs des corps d'armée devenaient plus fréquents, le camp désemplissait, la situation commença à devenir plus supportable. Le tabac se vendit à vil prix, puis vint le sel et enfin la viande; le pain fut inabordable au plus grand nombre, parce qu'il n'était pas distribué d'une façon régulière; ceux qui étaient voisins du pont le pillaient, les autres s'en passaient. Les précautions les plus élémentaires en auraient assuré à tous.

Nous désirions partir ; nous portions envie à ceux qui quittaient avant nous ce séjour empesté. Nos généraux et nos officiers avaient été emmenés par les Prussiens; l'absence des derniers nous avaient abattus. Dans l'armée française, l'officier en campagne est l'ami du soldat, il l'encourage, le prêche d'exemple, soutient son moral dans le malheur et lui enseigne la dignité.

« Un bataillon qui n'a plus de chef ressemble à un corps sans âme. »

J'ai été témoin, durant notre captivité, de deux scènes bien pénibles :

Le colonel du *** de ligne avait donné l'ordre de réunir les officiers, sous-officiers et anciens soldats. Le cercle était formé, il se plaça au milieu d'eux, enveloppé d'une simple capote d'infanterie, et leur adressa les paroles suivantes :

— « Soldats du ***, je viens vous faire mes adieux, et c'est avec une amère douleur. Vous avez été des héros à Wissembourg et à Reischoffen ; à Sedan, vous n'avez pas été des hommes. Vous avez préféré rester couchés à terre plutôt que de combattre debout, comme si la mort n'atteignait pas aussi bien l'homme étendu à terre que celui qui présente sa poitrine à l'ennemi. Vous avez été livrés pendant vos marches à l'indiscipline et à la débauche, vous chantiez dans les rangs, et vous avez reculé devant l'ennemi. Ma carrière militaire est brisée. Adieu. »

Pas une voix ne répondit à ces reproches. Il embrassa les officiers, et le cercle se rompit.

Le cœur serré par ce spectacle je retournais à ma tente, quand je vois un officier français à cheval faisant mettre en rang ses soldats, qui ne se hâtaient pas.

— Tas de c......, voulez-vous vous dépêcher ! tas de canailles voulez-vous vous mettre en rang !

L'officier prussien qui l'accompagnait dit alors tranquillement :

— Si dans cinque minoutes ils ne sont bas brêts, ils ne bardiront bas.

Et ils furent prêts.

Cette fois je n'avais plus le cœur serré, mais j'étais plein de honte et de dégoût.

L'ordre du départ arriva enfin ; notre sort allait sinon s'améliorer, du moins changer.

VI

DÉPART DE SEDAN ET FUITE.

Plus heureux que nos compagnons de captivité, nous avions moins souffert de la faim dans les deux derniers jours ; même, la veille du départ, l'extrême abondance avait succédé à la disette. Nous avions de la viande à ne savoir qu'en faire ; la soirée se passa à manger. Dans beaucoup de tentes on ne dormit pas ; le festin se prolongea pendant toute la nuit, on oublia les souffrances passées et la faiblesse de ses jambes. Les Prussiens devaient nous transporter en chemin de fer ; c'est à peine si nous aurions une courte étape à faire.

Le matin, le clairon français sonne pour la dernière fois, et, après une attente assez longue, nous défilons sur le pont du canal. En tête et en queue de la colonne se trouve un peloton de fantassins armés, accompagnés de cavaliers. Sur les flancs, à quelques pas l'un de l'autre, des fantassins la baïonnette au bout du fusil.

Auprès de Sedan, l'escorte n'était pas nombreuse. Je m'explique cette absence apparente de précautions, par le nombre des troupes qui étaient aux environs, et qui rendaient toute évasion impossible.

Les ambulances nous font distribuer un pain noir et grossier qu'on accueille avec reconnaissance.

Nous traversons la ville, accoutumée, mais non insensible, à de pareils spectacles.

Sortis de Sedan, nous apercevons les traces du bombardement. Arbres coupés par les bombes, toits percés, murs ébréchés, cela n'est rien en comparaison du village de Bazeilles ou, pour mieux dire, de ce que fut ce village.

Bazeilles, peuplé de plus de deux mille âmes, admirablement bâti, renfermait beaucoup de maisons de campagne des habitants de Sedan. Tout est renversé ; une seule maison a conservé son toit ; ce ne sont partout que décombres fumant encore, pans de murailles noircis, pierres entassées : quelques habitants errent parmi ces débris ; ils nous disent que des francs-tireurs s'étant embusqués dans les maisons et ayant tiré sur l'ennemi, il a incendié le village pour se venger. Deux enseignes d'auberge se balancent à des restes de construction, c'est la seule chose que l'incendie ait épargnée. Sur le chemin de Bazeilles à Sedan, des brouettes et des voitures sont pleines de casques et de fusils prussiens qui attestent la vivacité du combat et l'étendue des pertes de l'ennemi dans ce village.

Nous longeons le chemin de fer silencieux. Ce n'est pas celui-là qui doit nous transporter.

Nous continuons notre route à travers ces beaux villages des Ardennes, couverts en ardoise, à l'aspect riche et solide, entourés de riantes prairies et de champs fertiles que dominent des bois de chênes, de hêtres et de bouleaux. Nous lisons sur une borne : « Route de Montmédy. » Nous la regardons avec envie, car nous savons que le drapeau français flotte sur cette petite place et qu'elle a rejeté fièrement les sommations de l'ennemi. Les pauses sont courtes et rares ; la halte désirée a lieu dans une prairie, sur les bords de la Meuse. Un cordon de sentinelles est placé à quelque distance de nous. Défense de s'éloigner pour aller chercher de la paille et du bois, par conséquent de faire du café.

Nous avons traversé Mouzon et passé sous sa porte pittoresque. Cette ancienne place forte du seizième siècle était encombrée d'étrangers ; ils remplaçaient les bandes valeureuses des Bayard et des Vandenesse.

La halte fut courte.

Le reste de la route nous parut bien long, et pourtant nous n'avions pas de fusil sur l'épaule ; il nous était permis de nous appuyer sur une canne, mais l'énergie qui anime l'homme armé nous avait abandonnés. Une soirée de bonne nourriture n'avait pas suffi à rétablir nos forces ; l'abus qu'on en avait fait les avait plutôt affaiblies. Des hommes tombent de fatigue sur la route, d'autres sont tourmentés par la dyssenterie, quelques-uns ôtent leurs souliers pour marcher pieds nus.

Aux toits d'ardoises, aux maisons élevées, aux terres uniformément fertiles ont succédé les toits en tuile creuse, les maisons basses et spacieuses avec des fumiers devant la façade ; nous voyons des terrains vagues et stériles : je reconnais le département de la Meuse que j'habitais il y a dix-neuf ans. Stenay est enfin annoncé.

Nous étions accablés ; nos jambes se refusaient à nous soutenir. On marche lentement. Dans les rues de cette petite ville, je donne mon bidon et une pièce d'or à un enfant, il me rapporte fidèlement de la monnaie et sait me reconnaître au milieu de cette foule d'hommes. Nous ne devons plus camper, mais coucher dans le magasin à fourrage ; l'église a servi de logement à ceux qui nous ont précédés. Nous descendons dans une cour pleine de fumier et d'ordures.

Notre escouade cherche un coin pour s'établir dans ce bâtiment déjà plein ; nous nous étendons sur la poussière. Les habitants nous vendent du café et du bouillon ; nous avons du pain ; quant à notre viande nous ne pouvons la faire cuire. Nous la distribuons à des zouaves couchés à côté de nous. Partis la veille sans nourriture, ils n'avaient rien reçu en route ; à Stenay ils avaient refusé de marcher, on les avait laissés séjourner.

La nuit est froide dans ce vaste édifice; nous nous réveillons glacés et en proie à de vives souffrances.

Quand nous nous éloignons, des gens charitables distribuent du bouillon ; j'en absorbe avec avidité la valeur d'un verre.

Sortis de Stenay, nous marchons au pas accéléré ; nous savons maintenant où l'on doit nous conduire : c'est à Pont-à-Mousson, dont nous sommes encore assez éloignés. Damvillers sera notre première étape, moins longue que celle de la veille.

Toujours le même spectacle d'hommes qui tombent de fatigue ou que la dyssenterie épuise. Mais d'autres causes commencent à m'affecter : ce ne sont plus des Bavarois, mais des Prussiens, au casque à paratonnerre, qui nous accompagnent. Ils commencent à devenir insolents. Quand les habitants des campagnes, les femmes surtout, s'approchent avec du pain, ils distribuent des coups de crosse au prisonnier et prennent le pain pour eux. Notre escorte a été grossie de cavaliers ; je vois galoper sur nos flancs un capitaine, aux lèvres pincées, à la figure impertinente ; il pousse son cheval sans crier gare, et se plaît à renverser les soldats qui se trouvent sur son passage. L'aspect de cette brute à face humaine m'irrite ; je suis plus exaspéré encore quand je vois un sergent s'armer d'un bâton et en frapper les retardataires. Les soldats ennemis suivent son exemple ; les femmes s'enfuient en pleurant devant les violences. Il est vrai qu'ils en usent de même avec leurs hommes, et qu'au lieu de les frapper sur l'épaule ils leur donnent de grands coups dans le dos ; mais un pareil traitement est insupportable pour un Français, auquel il est défendu d'adresser au soldat même un mot grossier ; il me semblait que si je devais le subir, je me livrerais à un acte de désespoir et que je me ferais fusiller.

Tout m'impatientait, jusqu'aux accords plaintifs et traînards des clairons prussiens qui remplaçaient nos airs si gais, et aux cris rauques de leurs officiers et de leurs soldats.

Je pensai sérieusement à m'enfuir ; la pitié qu'on avait

pour nous en France me couvrait de honte ; le passage à travers les villes et les villages où nous défilions, semblables à un troupeau de moutons, était un supplice. Que serait-ce quand nous passerions devant les tudesques vainqueurs pour les rassasier du spectacle de notre infortune, essuyer leurs rires insultants, leurs mauvais traitements, et nous voir enfermés dans quelque forteresse, victimes prédestinées au choléra et au typhus.

Il fallait s'enfuir à tout prix.

Pendant notre route, bien des gens nous avaient crié avec plus de conviction que de vérité :

— Si vous avez du courage, vous pouvez vous sauver, vous êtes tout près de la Belgique.

Souvent, en passant près d'un bois épais, je m'étais dit :

— Une fois entré dans ce fourré les balles me manqueront.

La réflexion venait bientôt m'arrêter. Je ne connaissais pas le pays. Sorti du bois en costume militaire, je pouvais tomber dans un de ces partis ennemis dont nous apercevions, à chaque instant, les cavaliers et les feux. Je me rappelais que ce n'est point dans les bois et les campagnes désertes, mais dans les villes, qu'un fugitif parvient le mieux à se cacher. J'ajournai donc mon projet.

Damvillers, notre second séjour, me parut avoir la

même physionomie que les autres villes de la Meuse. Toits plats, places vastes et peu pavées. Nous ne devions pas y coucher.

Nous campons dans un champ qui a servi déjà à d'autres prisonniers; la terre est détrempée, la paille mouillée. Des enfants jettent des pommes par dessus la tête des sentinelles. Les ambulances ou les habitants du pays ont préparé à manger aux prisonniers. On nous aligne quatre par quatre, et par détachements de cent hommes.

Nous mettons plus d'une heure à faire un trajet assez court.

Un prussien m'offre des noix et me fait signe de voler un canard; j'accepte ses noix et je refuse d'attenter à la liberté du volatile; mon interlocuteur hausse les épaules.

Nous arrivons au cimetière, transformé en réfectoire. A droite brûlent de grands feux sur lesquels bouillent d'énormes marmites : c'est le repas des Prussiens. A gauche, il y a des bancs en bois; quinze hommes ont une gamelle pleine de bouillon où surnagent quelques morceaux de viande; je veux opérer le partage de celle-ci, je le fais mal, et..... je reste sans portion.

Nous regagnons notre camp, je vois battre un soldat par un prussien qui lui vole son couteau, et je rentre dans ma tente, le cœur ulcéré. Je rêve pendant toute la nuit aux moyens d'échapper aux mains de nos vainqueurs. Quand nous nous mettons en route, le lendemain, je vois avec chagrin que nous nous éloignons de la frontière, c'est-à-dire du salut possible. Nous nous rendons à la petite ville d'Étain, dont j'ai entendu parler autrefois pendant mon séjour à Saint-Mihiel. L'impatience me fait trouver assez courte la route qui y mène ; d'ailleurs elle est couverte de chariots. L'escorte est doublée ; nos gardiens deviennent plus durs.

Nous traversons la ville pour camper dans un champ entouré d'une muraille à demi-ruinée, mais bordée de fantassins dont les regards nous épient. La pluie était tombée à verse. Impossible de décrire ce cloaque où des milliers de malheureux avaient campé avant nous ; partout du fumier et des ordures. Nous étendons à terre des pierres plates et des tuiles pour nous préserver de la saleté ; nous plantons avec peine nos tentes soulevées par des rafales de vent.

Au moins ceux qui ont conservé quelques ressources ne manquent pas de pain ni de vin ; le maire d'Étain, d'accord avec les Prussiens, a taxé le pain à trente-cinq centimes la livre, le vin à cinquante centimes. Nous voyons apporter de la viande fraîche ; on nous promet une distribution, les sous-officiers convoquent les soldats pour y prendre part. J'essaie un instant d'y participer, mais le dégoût me gagne, je me retire tristement à l'écart. Ce fut mon salut.

Une belle jeune fille, portant un volumineux panier, se promenait dans le camp d'un air mal assuré. Je lui dis tout haut :

— Mademoiselle, apportez-vous du pain pour les prisonniers ?

Et tout bas :

— Avec des effets pour s'enfuir ?

— Il y en a dans ce panier; venez à six heures et demie me trouver sur la route, je vous emmènerai dans une voiture.

Je prends le panier et je cherche ma tente.

Mes hommes étaient absents; je ne puis la reconnaître; les factionnaires me regardaient, il me semblait que chacun connaissait le contenu du panier. Pour fuir leurs regards indiscrets je me retire dans une tente appartenant à un autre régiment, je m'y cache pendant une heure, puis j'emporte sous ma capote les effets qu'on m'a donnés. J'appelle alors mes compagnons, ils me répondent; je leur confie mon accoutrement ; mais j'avais oublié un vieux chapeau qui m'allait à merveille. J'aborde un marchand de cigares vêtu misérablement :

— Monsieur, voulez-vous me vendre votre casquette ?

— Avec quoi voulez-vous que je rentre en ville, je m'enrhumerais.

Deux, trois, me font la même réponse. Enfin un quatrième daigne me vendre, à un prix exorbitant, une mauvaise casquette, à laquelle, dit-il, il tient beaucoup.

Je retournai à ma tente. J'y trouve le sergent Humbert, soldat de Wissembourg et de Reischoffen, indigné, lui aussi, d'être prisonnier; il venait d'obtenir des habits.

Un autre jeune soldat avait troqué ses effets contre une blouse et un pantalon blanc.

Le sergent sort le premier de la tente, armé d'un parapluie; le soldat, le second; moi, le troisième; je vois mes deux compagnons passer sans encombre; mais, au moment où j'arrive, des Prussiens repoussent avec violence deux bourgeois bien mis qui veulent sortir. Je reviens dans l'intérieur du camp; des militaires viennent me demander des effets civils; je leur réponds gravement que je vais y pourvoir.

J'achète un paquet de cigares et je me dirige vers la porte en criant :

— Cigares de Bruxelles, trois pour deux sous.

Les Français tendent la main en disant :

— A la bonne heure, en voilà un qui ne nous exploite pas!

Les Prussiens les imitent ; j'en vends très-peu aux premiers, beaucoup aux seconds, et je gagne la porte.

Le jeune soldat était sur la route avec son panier.

— Petit drôle, où sont tes cigares ?

— Dans la maison de Jacques.

Et nous partons vers cette maison imaginaire, dans la direction de la ville ; nous ne voulions pas suivre la route, garnie d'une double haie de soldats, ni entrer imprudemment dans la ville pleine de Prussiens. Un soldat prussien me fait un geste, je m'approche, il m'offre une prise de tabac que j'accepte ; puis, nous nous mêlons à la conversation de plusieurs habitants. L'un d'eux paraissait un homme considérable, il répondait au nom de monsieur Simon ; je m'adresse à lui.

— Monsieur, j'aurais deux mots à vous dire. Quel chemin faut-il suivre pour s'évader ?

— Prenez la route de Longuion, la première à droite.

Nous ne nous le faisons pas dire deux fois, et mon jeune compagnon, plus prudent que moi, me faisait remarquer que je marchais trop vite, que c'était le pas de crainte.

Nous suivons la route indiquée pendant une centaine de pas, mais nous voyons reluire des casques ; les Prussiens y sont. Je veux passer, mon camarade s'y oppose.

Nous rétrogradons, et, cette fois, il ne trouve pas que ma marche est trop rapide; nous gagnons une rue déserte où nous rencontrons quelques soldats isolés et sans armes, nous entrons dans une maison.

— N'y a-t-il pas un chemin de traverse pour aller à Longuion?

— Si, allez tout droit, prenez le sentier à travers champs et gagnez le bois de la Sarthe.

Nous longeons des jardins que dévalisent des maraudeurs; nous voyons des chevaux gardés par un adolescent de quatorze ans; je lui demande un renseignement, il ne me répond pas; je m'aperçois qu'il porte écrit sur sa casquette le nom d'un régiment prussien; je passe outre, enfonçant dans la boue jusqu'à la cheville.

Nous gagnons le parc de la Sarthe, autour duquel circule un sentier couvert par des arbres et des broussailles, alors nous respirons à l'aise; l'ennemi ne bivouaque pas; ici les feuilles sont chargées de pluie. A la moindre alerte nous gagnerons l'intérieur du bois. Nous avons beau nous rassurer mutuellement, cela ne nous empêche pas de prendre plusieurs fois des chênes pour des Prussiens.

Après une marche qui nous paraît longue, nous nous rapprochons de la route, nous traversons rapidement les champs qui nous en séparent; deux femmes, dissimulées par leurs parapluies, suivaient la direction de Longuion.

— Mesdames, vous attendez votre voiture ?

— Oui, Messieurs.

— Alors permettez-nous de vous accompagner; si des Prussiens nous arrêtaient, vous diriez que nous sommes vos parents. Nous venons de nous sauver d'Étain.

— Je comprends; vous êtes des militaires évadés ; nous venons justement de porter du pain aux prisonniers.

Après une marche d'une heure, ces dames prennent une route transversale. Nous entendons le bruit d'un chariot qui roule pesamment sur la route ; il est chargé de fugitifs.

— Qui êtes-vous ?

— Déserteurs des Prussiens.

— Dépêchez-vous de monter.

Au bout de quelques minutes nous arrivons au village de Spincourt. Notre cargaison humaine descend, on nous fait entrer dans une maison située sur le bord de la route. Elle contenait un véritable magasin de blouses, de pantalons, de casquettes, de souliers, à l'usage des fugitifs ; je m'y pourvois d'un gilet de coton qui avait été, auparavant, la propriété d'une femme.

Les braves habitants de ces campagnes avaient fait des quêtes et réuni des vêtements, que le dévouement des femmes allait porter aux prisonniers ; il fallut manger la soupe dans cette maison, puis recommencer chez un cultivateur qu'on réveilla et qui s'empressa de nous donner l'hospitalité. Nous couchons dans une chambre immense, aux armoires monumentales, dans un de ces vastes lits de la Lorraine et du Luxembourg, où l'on est étendu dans un lit de plume et couvert d'un édredon.

Le lendemain, nous nous levons tard, quoique les Prussiens soient à trois kilomètres. D'autres fugitifs nous rejoignent, parmi eux des zouaves et le sergent Mazé du 50e.

Nous nous arrêtons au village de Mouillonpont, où un habitant me fait sourire en me vantant la charité d'un monsieur Billy, la providence des prisonniers, quoique rouge. Chez ces bons Meusiens, un républicain était considéré comme une bête féroce.

Nous traversons des bois et nous voilà définitivement délivrés de la crainte des uhlans.

Arrivés à Longuion, les habitants nous forcent à nous rafraîchir et arrêtent une voiture pour nous emmener.

Au bout d'une heure, je trouve un contrebandier qui s'offre à me conduire en Belgique. Nous traversons encore des bois où des chasseurs s'amusent à courir le lièvre avec une meute. Je les félicite de leur sang-froid et de leur tranquillité d'âme. Ils ne comprennent pas.

Nous arrivons à Saint-Mard, puis à Virton, sur le sol belge. Il était temps; mes chaussures m'avaient coupé les pieds, j'avais changé, pour m'enfuir, mes souliers de régiment, commodes et solides, contre des souliers de charrue; j'étais couvert de plaies, je me traînais lentement, appuyé des deux mains sur un bâton, comme un de ces gueux que représente Callot.

— Pauvre Français, vous êtes bien fatigué; reposez-vous, me disent les braves gens du village.

Ces marques d'intérêt accompagnent tous nos soldats. L'auberge où je descends en était pleine.

Je suis triste, quoique je n'aie plus rien à redouter.

Hélas! il faut quitter la France pour n'être plus en pays ennemi.

Les distances sont petites en Belgique, aussi le chemin de fer du Luxembourg me conduisit à Bruxelles en quelques heures. Quel contraste douloureux entre le voyage d'agrément que j'y faisais il y a dix ans, et celui auquel me condamnait la nécessité dans cette fatale année 1870.

Morne et souffrant, je gravissais péniblement l'escalier

de la maison hospitalière de mes parents, qui m'avaient jadis si bien reçu, et chez lesquels je devais retrouver le même accueil.

La capitale de la Belgique était toujours riante et animée. L'automne n'avait pas jauni la verdure des arbres du parc et des boulevards. Les passages et la rue de la Monnaie me rappelaient le joyeux tumulte de Paris.

Les fêtes de l'Indépendance avaient lieu, et la population belge si gaie, si patriotique, s'empressait de les célébrer. Les théâtres regorgeaient de spectateurs ; le jeu national de la Paume couvrait les places de curieux et de parieurs. Les vainqueurs étaient proclamés au son de la *Brabançonne*. Partout la vie, l'animation, les figures heureuses.

J'aurais préféré une ville en deuil.

A côté de cette population en fête, l'œil le moins clairvoyant en distinguait bientôt une autre. C'était, d'abord, des hommes presque tous âgés, portant à leur boutonnière la rosette de la Légion d'honneur, victimes des événements politiques, auteurs peut-être de nos malheurs. Le front chargé de tristesse, la tête baissée, ils erraient çà et là, puis s'arrêtaient brusquement, promenant sur la foule de vagues regards qui indiquaient que leur pensée était ailleurs. Je ne pouvais m'empêcher de les plaindre. Hors de la France, les dissentiments politiques s'effacent. Tout compatriote malheureux excite notre intérêt.

Puis venaient les familles exilées des départements envahis. On les reconnaissait facilement à la vivacité de leurs enfants, qui, avec l'insouciance de leur âge, jouaient dans les vastes allées et parfois arrachaient un sourire à leurs parents désolés.

Enfin on rencontrait des soldats blessés ou en convalescence, portant l'uniforme français, parfois bizarremeut associé avec des effets civils. Leur tenue était silencieuse et digne. Le peuple les entourait de sympathies et de prévenances dont ils n'abusaient pas. L'infortune les ennoblissait et élevait leur âme. Bruxelles avait donné à nos militaires l'hospitalité la plus large. La magnifique abbaye de Lacambre était le principal asile des blessés. Chaque quartier contenait une ou plusieurs ambulances. A leur usage, les sociétés de musique, les églises faisaient des quêtes pour eux, tandis que les blessés prussiens ne rencontraient que l'indifférence ou une haine mal déguisée. On venait offrir aux nôtres du vin, rare et cher en Belgique, des confitures, même des mets recherchés. Je me prenais à aimer doublement ce brave peuple que je connaissais déjà, mais dont je n'avais pu apprécier l'inépuisable bonté.

Cependant, au bout de quelques jours, la nostalgie s'emparait de moi. Je ne pouvais faire un pas sans apercevoir des gravures ou des illustrations rappelant nos défaites. A côté des portraits de nos généraux s'étalaient les photographies des vainqueurs avec leurs noms barbares. C'est une souffrance qu'au moins n'éprouvaient pas les Romains, écrasés par les hordes d'Attila ou de Genséric.

Les journaux causaient ma plus grande torture ; je me jetais avidement sur l'*Indépendance belge* et le *Parlement* ; leurs colonnes étaient remplies de récits prussiens. Impossible de se faire illusion, je voyais nos désastres dans toute leur étendue. Je lisais les exigences brutales du vainqueur. Je comprenais que la France allait être mutilée.

Décidément je ne pouvais plus tenir à Bruxelles ; les soins et les attentions dont j'étais l'objet ne me faisaient ressentir qu'avec plus d'amertume l'éloignement de la Patrie, dont j'ai surtout compris l'amour à cette époque. Vivre au milieu des siens, partager leurs souffrances et leurs dangers, tel était mon vœu. Malgré mon état de souffrance, je voulus partir. Un homme généreux, M. Charles de Baisieux m'aida obligeamment et mit sa bourse à ma disposition. Il aimait la France comme un Français. L'ambassade me donna un passe-port. Je pus lire dans ses bureaux la liste des officiers français prisonniers en Allemagne. J'eus la consolation d'y trouver le nom de M. de La Tour d'Auvergne, notre lieutenant-colonel. On l'avait dit blessé à mort, et c'avait été un deuil pour tous; à la tête d'une poignée d'hommes, il avait été l'un des derniers à tenir tête à l'ennemi sur le champ de bataille de Reischoffen. A Sedan sa bravoure fut la même, mais son sort moins heureux.

J'étais désespéré en quittant la Belgique ; je repris courage en mettant le pied sur le sol français. A Lille, on s'organisait ; à Tours, le gouvernement de la Défense nationale inspirait de la confiance par son action énergique; à Chagny, je vis Garibaldi, vieilli, mais toujours ardent, qui venait partager notre fortune ; dans la Haute-Marne, la garde mobilisée était équipée et habillée par la constante sollicitude du préfet, M. Spuller. Plus tard, quand Metz eut capitulé, et que les hordes ennemies eurent envahi notre département, nous eûmes encore des lueurs d'espoir. Chargé de porter des dépêches à travers les lignes prussiennes, je me sentais réconforté par le cœur intrépide des braves Dijonnais; ils ne sentaient pas leurs souffrances, quand ils apprenaient que Garibaldi ou Cremer avait refoulé l'ennemi. Dans la Côte-d'Or, bourgeois, paysans, ouvriers, avaient la même âme. Partout on était sympathique à la résistance nationale.

Quelques agioteurs honteux, dont l'argent et le bien mal acquis sont les dieux, se cachaient pour faire entendre leurs lâches lamentations, mais la masse était bonne.

Quand je revenais à Langres, mon espérance diminuait. Les efforts intelligents du général qui commandait avaient rendu la forteresse redoutable, mais il n'avait pu armer ses troupes de chassepots, ni se procurer de l'artillerie de campagne ; les uns accusaient sa sévérité, les autres sa mollesse. En réalité, il fit son devoir, mais ne put faire l'impossible ; du moins, il préserva la ville d'un siége et d'un bombardement.

ÉPILOGUE

Ici se termine mon récit. J'ai montré ce que j'ai vu. Cela se borne à très-peu de chose. Pendant un mois, nous avons vécu sans journaux et sans communication avec des hommes de quelque valeur. Aussi est-ce actuellement que j'ai des détails un peu circonstanciés sur la bataille de Sedan, à laquelle j'ai pris part et dont je ne connaissais qu'une partie infinitésimale. Je n'ai pas eu la prétention de faire de l'histoire ni de la haute tactique, mais seulement de montrer quelle était la vie des soldats que j'ai connus, et les tribulations auxquelles ils se sont trouvés exposés.

TABLE.

Pages.

ACTUALITÉS — 1871

En Ballon! Pendant le siége de Paris, souvenirs d'un aéronaute, par GASTON TISSANDIER, 1 vol. gr. in-18 jésus .... 3 fr.

La Terreur et l'Eglise en 1871. Récits historiques par l'abbé DELMAS, vicaire à Saint-Ambroise, l'un des otages de la Commune. 1 vol. grand in-18, *avec autographe* .... 2 fr.

Les caravanes d'un chirurgien d'ambulances pendant le siége de Paris et sous la Commune, par le Dr JOULIN, 1 vol. in-18 jésus .... 2 fr.

Campagne de l'armée du Nord en 1870-1871, par le général FAIDHERBE. 1 vol grand in-8° avec carte .... 2 fr.

Deuxième armée de la Loire. Opérations de la division de l'armée de Bretagne, par le général GOUGEARD. 1 vol. grand in-8° 2 fr.

Histoire intime de la Révolution du 18 mars. Comité central et Commune, par PHILIBERT AUDEBRAND. 1 vol. grand in-18 jésus .... 3 fr.

Histoire critique du siége de Paris, par un OFFICIER DE MARINE ayant pris part au siége. 1 fort vol. grand in-18, avec une *carte* .... 3 fr. 50

Histoire de la campagne 1870-1871 et de la deuxième ambulance dite de la Presse française, par EMMANUEL DOMMENECH. 1 vol. grand in-18.. 3 fr. 50

L'Art de combattre l'armée française, par le prince *Frédéric-Charles* de Prusse, traduit par W. REYMOND. Broch in-18..... 1 fr.

La Délivrance de Paris. Récit complet des huit journées de mai, par JULES PAU. 1 vol. in-18 jésus.......... .... 60 c.

Les Francs-Maçons et la Commune de Paris, par un Franc-Maçon M.·. 1 vol. in-18.......... .... 1 fr.

Guide-Recueil de Paris brûlé Récit des événements de mai 1871, entrée de l'armée à Paris et bataille des rues, notices historiques sur tous les monuments incendiés, plan de Paris colorié et 20 photographies avant et après l'incendie, par PIERRE PETIT. 1 vol. grand in-18 jésus........................... .... 5 fr.

Les Hommes de la Commune. Biographie complète de tous ses membres, par JULES CLÈRE. 4e édition, très-augmentée, 1 vol. in-18. 2 fr.

Paris pendant le siége et les 65 jours de la Commune, par J. DALSÈME. 1 vol. grand in-18 jésus.................. 3 fr.

Paris sous la Commune, par EDOUARD MORIAC (18 mars au 28 mai), précédé des Commentaires d'un blessé, par HENRI DE PÈNE, 3e édition. 1 fort vol. grand in-18 jésus.................. 3 fr.

Trois mois de dictature en Province. — Le Gouvernement de la Défense nationale à Tours, par A. RIVIÈRE. 1 vol. in-18... 8 fr.

Les Mystères de l'Internationale. Son origine, son but, ses chefs, ses moyens d'action, son rôle sous la Commune. 1 volume in-18 jésus.................. 4 fr.

Histoire des nouveaux journaux, publiés à Paris pendant le siége et sous la Commune, du 4 septembre 1870 au 28 mai 1871, par FIRMIN MAILDARD. 1 vol. grand in-18.................. 3 fr.

La Légion d'honneur et la Commune, documents sur le séjour du général Eudes à la Légion d'honneur, publiés par GEORGES D'HEYLLI. 1 vol grand in 18 avec une gravure.................. 1 fr.

Le Livre rouge de la Commune. Liste alphabétique de tous les fonctionnaires, extraits de *l'Officiel*, publiée par GEORGES D'HEYLLIS 1 vol. grand in-18.................. 2 fr.

La Science pendant le siége de Paris, par SAINT-EDME, secrétaire du comité scientifique de la défense de Paris. 1 vol. grand in-18 orné de figures dans le texte.................. 3 fr.

CHAUMONT. — TYPOGRAPHIE C. CAVANIOL.

l'ère des Congrès. Elle débute par le Congrès de la propriété littéraire et artistique tenu à Bruxelles du 27 au 30 septembre 1858 où nous relevons le vote suivant: «Il est désirable que tous les pays adoptent pour la propriété des ouvrages de littérature et d'art une législation reposant sur des bases uniformes» (1).

En 1861, le congrès artistique d'Anvers s'exprime ainsi: «Pour amener un accord entre les gouvernements en vue de généraliser la protection de la propriété artistique, le Congrès se réfère à la continuation des efforts que les gouvernements font dans ce but par voie de négociation.» Sur la proposition de M. Wervoot (Belgique) le Congrès adopte les résolutions suivantes: «1° Le Congrès estime que le principe de la reconnaissance internationale des œuvres artistiques en faveur de leurs auteurs doit prendre place dans la législation de tous les peuples civilisés; 2° Ce principe doit être admis de pays à pays, même en l'absence de réciprocité; 3° L'assimilation des artistes étrangers aux artistes nationaux doit être absolu et complète» (2).

Lors des fêtes du troisième centenaire de Rubens, un nouveau congrès international artistique se réunissait à Anvers, au mois d'août 1877, et inscrivait, dans son programme, cette question: «Recherches des bases d'une législation internationale destinée à protéger les droits de propriété sur les œuvres d'art et à réprimer les fraudes et les contrefaçons.» Dans la dernière séance du 21 août 1877, sur l'initiative de notre honorable ami M. Rolin-Jacquemyns, président de l'Institut de droit interna-

(1) Compte rendu par Romberg. Bruxelles, 1859, t. I, p. 175.
(2) Compte rendu du Congrès d'Anvers de 1862 par Gressin Dumoulin. Anvers, 1862, in 8.°, p. 249.

tional, et depuis ministre de l'intérieur en Belgique, le Congrès accueillait une proposition tendant à s'entendre avec l'Institut «dans le but d'obtenir une loi qui aurait un caractère international» (1).

A l'occasion de l'Exposition internationale universelle organisée par la France en 1878, deux Congrès furent, tenus cette année à Paris: l'un littéraire, grâce à l'initiative de la Société des gens de lettres de France; l'autre artistique, sous les auspices du Gouvernement français. Le Congrès littéraire vota l'assimilation de traitement entre l'œuvre d'origine étrangère et celle d'origine nationale. Les questions internationales firent l'objet d'un plus ample examen dans le Congrès artistique. Sur la proposition de M. Clunet, le Congrès prit cette résolution (art. 20): «Il est à désirer qu'il se constitue, entre les divers Etats de l'Europe et d'outremer une Union générale qui adopte une législation uniforme en matière de propriété artistique. Le Congrès émet le vœu que la convention qui établira cette Union s' inspire des résolutions qu'il a adoptées et leur donne une sanction définitive.»

C'est ce vœu que réalise aujourdhui la Convention d'Union internationale pour la protection des œuvres littéraires et artistiques que vient de fonder l'instrument diplomatique signé à Berne, entre dix Etats, le 9 Septembre 1886.

Ce résultat si merveilleux, qu'on pouvait être tenté de le croire irréalisable (2) est dû en grand partie aux efforts, à l'activité persévérante et éclairée de l'Asso-

(1) Compte rendu du Congrès artistique de 1877. Anvers, Buschmann. Un vol. in 4.°, 1878, pags. 111-115.

(2) On peut certainement appliquer à l'Union pour le protection des œuvres littéraires et artistiques ce que M. Leon Say, ancien

ciation littéraire et artistique internationale. Ce sera à jamais le titre d'honneur de cette société.

Comment cette Association s'etait-elle formée? En Juin 1878, à l'instigation de la Société de gens de lettres de France, le Congrès littéraire international que nous avons déjà mentionné se réunissait à Paris. Les littérateurs les plus renommés du monde entier, les éditeurs des deux mondes, des jurisconsultes distingués avaient repondu à l'appel qui leur était adressé, «et autour de Victor Hugo se groupaient au bureau de la présidence les représentants les plus autorisés de la littérature universelle» (1). Le Congrès consacra l'adoption d'un certain nombre de principes en matière de propriété littéraire (2). «Mais là ne devait par se borner son œuvre: tous ses membres comprirent que cette réunion des écrivains des deux mondes ne devait pas se dissoudre sans laisser derrière elle une trace durable et que le lien formé entre eux ne devait plus se briser. De plus, certaines questions n'avaient pu être qu'effleurées, et il était indispensable qu'une réunion d'écrivains compétents reçut mandat de rechercher les moyens de réaliser les desiderata exprimés. Cette préoccupation du Congrès, ayant un double caractère de fraternité littéraire et d'utilité pratique—se traduisit par la fondation de *l'Association*

---

ministre des Finances, disait il y a quelques années au sujet de l'union postale:

«Notre union réalise un des progrès les plus importants que les nations modernes aient pu accomplir pour étendre leurs relations mutuelles, un de ces progrès étonnants que beaucoup de personnes reléguaient dans le domaine des *utopies*.» Séance d'ouverture du Congrès de l'union postale. (Imprimerie nationale, 1878, p. 4.)

(1) *Bulletin de l'Association Littéraire Internationale*, num. 1°, p. 1.

(2) V. ces résolutions, *Ibid.*, pages. 1-2.

littéraire internationale dont les bases furent votées par le Congrès le 28 Juin 1878» (1). Parmi les objets assignés à son activité figurait «la défense de la propriété littéraire et l'initiative de toutes fondations présentant un caractère littéraire international.»

Au même moment, le Congrès de la propriété artistique, tenu à Paris, sous les auspices du Gouvernement du 18 au 20 septembre 1878, émettait le vœu suivant, sur la proposition de M. Huard: «Il serait utile de fonder une association artistique internationale, ouverte aux sociétés artistiques et aux sociétés de tous les pays.»

L'Association née de ces aspirations communes, ne faillit pas au mandat que les écrivains lui avaient donné, et qu'elle reçut bientôt également des artistes, de telle sorte que la propriété intellectuelle tout entière, suivant la belle expression espagnole (2), devint son domaine. Chaque année l'Association a tenu un Congrès dans une ville différente d'Europe: à Londres en 1879, à Lisbonne en 1880, à Vienne en 1881, à Rome en 1882, à Berne (session extraordinaire) et à Amsterdam en 1883, à Bruxelles en 1884, à Anvers en 1885, à Genève en 1886.

---

(1) *Ibid.*, p. 2.

(2) Nous pensons que l'Espagne a la première, fait passer cette expression «*propiedad intelectual*» dans le langage du droit positif, en l'employant dans la loi du 10 Janvier 1879, qui a eu une si heureuse influence en Europe pour l'amélioration de la condition juridique des auteurs et des artistes.

Le mérite en revient, croyons-nous, à D. Manuel Danvila, éminent avocat et député, qui fit admettre par le Congrès des Députés un premier projet intitulé *Ley sobre la propiedad intelectual*, le 7 Novembre 1876. Mr. Edmond Picard, a exposé dans une magistrale étude les motifs philosophiques pour lesquels il y aurait lieu de lui préférer l'expression «droits intellectuels.» *Journal de Clunet*, 1883, p. 585.)

Cédant à la gracieuse invitation de la société des écrivains et artistes espagnols, le Congrès de 1887, se réunit à Madrid, au mois d'Octobre.

Dans chacune de ces réunions, l'Association a poursuivi avec un zèle infatigable la réalisation de l'idée qui avait présidé à sa fondation: Rechercher les meilleurs moyens d'assurer à l'écrivain et à l'artiste le droit le plus large et le plus certain sur la création de sa pensée, sans distinction de nationalité, ni de frontière; amener par la connaissance des individus l'entente et la sympathie communes entre ouvriers du même outil; favoriser la diffusion de toutes les langues, de toutes les littératures, de toutes les œuvres de l'esprit.

II.

Travaux préparatoires de la Convention d'Union.

C'est en 1883 que l'Association a particulièrement donné la mesure de son influence, et que son action s'est intimement rattachée à la Convention d'Union, objet de notre examen.

Au Congrès de Rome en 1882, l'Association, secondée par M. Paul Schmidt, parlant au nom de la société des écrivains allemands, décidait qu'une conférence extraordinaire serait tenue en 1883 à Berne en vue de prèparer la constitution d'une Union générale pour la protection de la propriété intellectuelle, et la rédaction d'un avant-projet, capable de servir de base aux discussions d'une conférence diplomatique.

Le Gouvernement Suisse, que l'on trouve toujours prêt

lors qu'il s'agit d'appuyer une idée libérale et élevée, fit le meilleur accueil à ce projet (1) et accorda son patronage officiel à la Conférence. Le 10 septembre 1883, la Conférence ouvrit ses séances dans la salle des Etats du Conseil fédéral à Berne; sous la présidence de M. le conseiller fédéral NUMA DROZ, dont le nom fait autorité en Europe dans toutes les matières qui touchent à la propriété intellectuelle ou industrielle. Siégeaient à ces côtés M. LOUIS ULBACH, président, M. BLANCHARD JERROLD, vice-président, et M. JULES LERMINA, secrétaire général de l'association; Mrs. EBELING et BECKER, secrétaires adjoints; une sous-commission chargée d'élaborer un projet à soumettre aux discussions de la Conférence fût ainsi constituée: M. POUILLET, président, M. CLUNET, rapporteur; MM. BATZ, D'ORELLI, LAURENT DE RILLÉ, LE BAILLY, TEICHMANN.

La Conférence siegea du 10 au 13 septembre 1883 (2) et rédigea un projet en 10 articles que nous donnerons in extenso aux *Annexes* (3).

---

(1) Il convient de rappeler ici le nom de M. TORRES CAICEDO, alors ministre du Salvador à Paris. C'est lui qui ouvrit à Paris, en 1883, auprès de Mr. Kern, ministre de Suisse à Paris, les négociations relatives à la réunion de Berne. Sa haute recommandation servit considérablement le but désinteressé que poursuivait l'Association. Les féconds resultats de la Conférence de Berne lui sont donc dus en partie.

(2) Victor Hugo se trouvait au même moment en villégiature; au bord du Lac Léman. Des raisons de santé empechèrent l'illustre vieillard de se rendre à Berne: mais il exprima par télégramme tout l'intérêt qu'il prenait aux travaux de la Conférence. On sait avec quelle faveur il avait salué la fondation de l'Association littéraire et artistique internationale. V. son allocution, Bull. de l'Association. Janvier-Février 1879, p. 2.

(3) Outre les membres du bureau et de la commission de rédaction, prirent part aux débats, de la façon la plus utile, notamment: MM. TALLICHET, LOUIS RATISBONNE, DJUVARA, LŒWENTHAL, etc.

Deux semaines après, le 26 septembre 1883, l'Association tenait son congrès annuel à Amsterdam, et M. Pouillet y faisait connaître dans un rapport le résumé des travaux de la Conférence. Nous empruntons à ce remarquable travail les passages suivants: «Notre sécretaire général dans le rapport qu'il nous a présenté à la séance d'hier vous a fait connaître le nouveau succès de l'association; vous avez appris comment une Conférence internationale réunie à Berne par les soins et par l'initiative de l'Association avait jeté les bases d'un projet de convention universelle, destinée à établir entre les nations civilisées une Union pour la protection de la propriété littéraire et artistique, comme il en existe une pour les postes et les monnaies, et comme bientôt il en existera une, il faut l'espérer du moins, pour la protection de la propriété industrielle. Nous avons à nous féliciter d'un aussi brillant résultat qui montre la vitalité et la puissance de notre Association.

«Notre collègue Clunet avaitd'abord été désigné pour vous retracer, dans un rapport, l'historique des travaux de la Conférence; il a bien voulu me laisser cet honneur, et je tiens à l'en remercier publiquement.

»La conférence de Berne, après d'intéressants débats a admis deux principes: elle demande d'abord que toute œuvre parue, représentée ou exécutée dans l'un quelconque des Etats de l'Union se trouve aussitôt après l'accomplissement des formalités prescrites par la loi du pays où l'œuvre a pris naissance, protégée du même coup, et sans aucune autre formalité dans tous les autres Etats de l'Union. L'œuvre parue dans l'un des Etats de l'Union est réputée paraitre en même temps dans tous les autres.....

»Un second principe que la conférence a cru utile,

indispensable même, de proclamer est celui du droit exclusif, qui doit être reconnu à l'auteur, sur toute traduction de son œuvre comme sur l'œuvre originale elle-même.....

»A coté de ces deux principes que la conférence a hautement proclamés, plusieurs déclarations de détail ont trouvé leur place, notamment en ce qui concerne l'adaptation, cette forme paticulière et perfide de l'imitation des pièces de théâtre; la conférence a émis le vœu qu'elle fut considérée comme une contrefaçon véritable.....

»La conférence á tenu ainsi à déclarer que le droit des auteurs s'exerce même sur les œuvres manuscrites ou inédites» (1).

Qu' advint-il de l'avant-projet de la conférence de Berne? M. NUMA DROZ, actuellement président de la Confédération suisse nous l'a appris dans un article (2) plein de renseignements intéressants pour l'histoire de la convention diplomatique du 9 septembre 1886.

«Il existe, depuis l'Exposition universelle de 1878, une Association littéraire internationale, fondée à Paris sous la présidence d'honneur de VICTOR HUGO, et qui se propose entre autres choses, «de propager et de défendre dans tous les pays, les principes de la propriété intellectuelle d'étudier les conventions internationales et de travailler à leur perfectionnement.» Cette Association compte dans son sein d'illustres représentants de tous les pays; elle se réunit chaque année dans l'une des capitales de l'Europe et s'efforce d'attirer à elle et de grouper sous sa bannière non seulement les littérateurs,

(1) Bullet. de l'associat. littéraire intern. 1ère série, 4.°, 92.
(2) *Journal de Clunet*, 1883, p. 441.

mais les artistes, qui ont les mêmes intérêts à sauvegarder.

«Réunie à Rome en 1882, elle résolut d'avoir à Berne en 1883, une conférence composée des délégués des sociétés littéraires, universités, académies, associations, cercles de littérateurs, artistes, écrivains et éditeurs appartenant aux diverses nations, afin d'élaborer un programme pouvant servir de formule à une convention universelle. Cette conférence eut lieu effectivement du 10 au 13 Septembre 1883, sous la présidence d'un membre du Gouvernement fédéral (1).

»Ses délibérations, auxquelles prirent une part éminente MM. Pouillet et Clunet, avocats à la cour de Paris, furent nourries et intéressantes, elles aboutirent à la rédaction d'un projet de convention en dix articles (2).

»La Conférence remit ce projet de convention au Gouvernement fédéral en le priant de bien vouloir le transmettre aux Gouvernements de tous les pays et de leur proposer la réunion d'une conférence diplomatique chargée de l'examiner. Le Gouvernement fédéral, déférant à ce vœu, adressa en date du 8 Décembre 1883 à tous les pays une note circulaire dans laquelle, après avoir relévé les inconvénients de la situation actuelle, qui tiennent à la diversité des conventions et des lois existantes et après avoir appuyé l'initiative prise par les intéressés, il disait entre autres:

»Nous n'avons point dissimulé aux initiateurs de ce projet les difficultés que rencontrerait sa réalisation immédiate dans toute son étendue. En effet, les conventions

(1) M. Numa Droz, lui-même.

(2) V. aux Annexes, p. 87.

récemment conclues ou en vigueur depuis un certain nombre d'années sont plus ou moins en contradiction avec telle ou telle partie des dispositions de ce projet et il ne faut pas s'attendre à ce que ces conventions puissent facilement être modifiées avant leur échéance.

»Mais d'autre part ce serait certainement un grand gain que d'aboutir dès maintenant à une entente générale par laquelle se trouverait proclamé le principe supérieur et pour ainsi dire, de droit naturel: que l'auteur d'une œuvre littéraire ou artistique, quels que soient sa nationalité et le lieu de reproduction, doit être protégé partout à l'égal des ressortissants de chaque nation.

«Ce principe fondamental, qui ne heurte aucune convention existante, une fois admis, et l'Union générale constituée sur cette base, il est hors de doute que sous l'influence de l'échange de vues qui s'établirait entre les Etats de l'Union les différences les plus choquantes qui existent dans le droit international s'effaceraient successivement pour faire place à un régime plus uniforme, et conséquemment plus sûr pour les auteurs et leurs ayants droit.»

«Presque tous les Etats répondirent dans un sens favorable; il faut en excepter Saint-Domingue, Nicaragua et les Etats-Unis du Mexique qui trouvèrent que la matière n'avait pas d'intérêt pour eux; la Grèce qui, après avoir été le berceau de notre littérature, n' a pas même de loi pour protéger les œuvres de l'esprit; le Danemark, qui a envisagé que les principes proposés s'ècartaient trop de sa législation; enfin les Etats-Unis d' Amérique, qui tout en admettant qu' il serait juste de protéger partout l'auteur étranger à l' égal du national, ne croient cependant pas à la réalisation de ce principe. Les motifs que ce pays donne à l'appui de sa manière de voir sont assez particuliers pour qu'ils vaillent la peine de les reproduire.

«La différence des tarifs, et le fait qu'outre l'auteur ou l'artiste plusieurs industries sont intéressées à la production ou à la reproduction d'une œuvre d'art, doivent être pris en considération quand il s'agit d'accorder à l'auteur d'une œuvre le droit de la faire reproduire ou d'empêcher sa reproduction dans tous les pays. Il y à une différence à établir entre le peintre ou le sculpteur dont l'œuvre entre dans le commerce telle qu'elle sort de ses mains, et l'auteur littéraire à l' œuvre duquel contribuent le fabricant de papier, le fondeur de caractères d'imprimerie, l'imprimeur, le relieur et beaucoup d'autres personnes dans le commerce»—(1).

«Encouragé par l'accueil fait à ses avances, le Gouvernement fédéral décida de convoquer une conférence diplomatique pour le 8 Septembre 1884 à Berne. A cette conférence se firent représenter: l'Allemagne, l'Autriche-Hongrie, la Belgique, Costa-Rica, la France, la Grande-Bretagne, Haiti, le Paraguay, les Pays-Bas, le Salvador, la Suède et Norvége et la Suisse.

»L'Italie dont la participation á la conférence était annoncée, n' a pu se faire représenter en raison des circonstances particulières que traverse ce pays; mais ce Gouvernement a néanmoins fait savoir qu'il adhérait en principe au projet d'Union et se réservait de donner son approbation aux décisions de la conférence après examen des procès-verbaux. Des déclarations semblables, ou á peu près sont venues en autres de l'Espagne du Portugal, du Brésil, de la République Argentine, et il n' y a

---

(1) On verra plus loin, par la déclaration de M. WINCHESTER á la conférence de 1886, combien le Gouvernement des Etats-Unis, sous la présidence de M. CLEVELAND, a modifié son point de vue dans un sens nettement progressif.—*Infrà.* p. 29.

pas à douter que la plupart des Etats non représentés n'admettent aussi l'idée fondamentale de la conférence.

. . . .

»Le projet de convention que le Gouvernement fédéral avait fait préparer pour servir de base aux discussions différait fort peu de celui élaboré par l'Association littéraire internationale; il en développait les principes et leur donnait la forme usitée dans les instruments diplomatiques.

»Bien que sur quelques points des hésitations fussent permises, le Gouvernement fédéral n'avait pas voulu s'écarter du programme de 1883, d'autant moins que la législation Suisse admet généralement les mêmes principes. Mais il était à prévoir que les délégués d'autres Etats n'accepteraient pas ces principes sans discussion et sans opposition.

»Le délégué du Gouvernement fédéral chargé d'ouvrir la conférence fit ressortir le désir général des Etats de remédier aux défectuosités dont on se plaint. Il n'y a guère, a-t-il dit, de matière du droit qui ait un caractère aussi cosmopolite et qui se prête mieux à une codification internationale que la protection des droits d'auteur. Nous vivons dans un siècle où les œuvres du gènie littéraire et artistique, de quelque pays qu'elles proviennent, ne tardent pas à se répandre sur toute la terre empruntant toutes les langues civilisées, faisant appel à toutes les formes de reproduction.

»N'est-il pas juste que l'auteur, quelle que soit son origine, conserve un droit sur son œuvre partout où on juge à propos de l'utiliser? Et peut-on admettre que la nature de ce droit varie dans son essence suivant le lieu où l'œuvre se trouve reproduite? Non, Messieurs, il faut bien le reconnaître, les discordances plus ou moins grandes qui existent dans les lois actuelles tiennent bien moins à des considérations de principe qu' à des appréciations purement subjectives. A la diversité de règles arbitraires il semble possible, il est dans tous les cas désirable, de substituer une règle uniforme fondée sur la conscience générale et consacrée par l'assentiment du plus grand nombre.—C'est à ce but que nous voulons tendre, mais sans nous dissimuler ni les uns ni les autres, les obstacles qui s'opposent à sa réalisation. Nous avons à compter avec des lois intérieures, avec les conventions existantes. Nous ne pouvons nous flatter de l'espoir qu'elles seront modifiées pour ainsi dire du jour au lendemain à la suite de nos résolutions. Mais ce sera déjà un grand pas de fait, un pas décisif, si nous affirmons ici la solidarité des peuples civilisés pour la protection des droits d'auteur, et si après nous être fait part de nos expériences et de nos vues reciproques nous constituons un organisme chargé de donner suite à nos aspirations communes.»

«La conférence décida de prendre pour base de ses travaux le programme du Gouvernement fédéral, mais de faire précéder l'examen détaillé des articles d'une discussion générale sur les principes qu'il y a lieu d'introduire dans la convention.

»A cet effet la délégation allemande présenta un questionnaire embrassant quatorze points essentiels et demanda qu'on discutât au préalable la question de savoir si, au lieu de conclure une convention basée sur le principe du traitement national, il ne serait pas préférable de viser dès à présént à une codification réglant d'une manière uniforme pour toute l'Union projetée, et dans le cadre d'une convention, la totalité des dispositions relatives à la protection des droits d'auteur.

»Au premier abord cette question préalable effraya bon nombre de délégués. Le mieux est l'ennemi du bien, et si désirable que pût paraître à la plupart d'entre eux une codification uniforme, il était à craindre qu'un projet si grandiose n'ajournât indéfiniment la conclusion d'une entente générale. «Il ne faut pas violenter le temps», disait entre autres Mr. LOUIS ULBACH.

» La délégation allemande ayant d'ailleurs reconnu qu'il ne pouvait s'agir d'aborder dès maintenant cette codification, mais seulement de l'indiquer comme un but à poursuivre, la conférence tomba aisément d'accord sur une proposition formulée en ces termes par la délégation suisse:

«I. Il y a lieu de jeter les bases d'une convention internationale qui puisse rencontrer l'adhésion immédiate du plus grand nombre d'États.

» II. Il y a lieu également de formuler des vœux relativement aux principes dont l'introduction uniforme dans les lois et conventions est recommandée aux États». . . . .

«L'œuvre, sortie des laborieuses délibérations de la conférence, n'est pas parfaite; chacun le reconnaîtra; mais, comme le disait son président en résumant ses travaux: «Si d'une part, certaines Délégations eussent désiré une protection des droits d'auteur plus étendue et plus uniforme, il a fallu tenir compte, d'autre part, que les principes idéaux dont nous poursuivons le triomphe ne peuvent faire leur chemin que graduellement dans les pays si divers que nous désirons voir entrer dans l'Union. Notre œuvre est ainsi le résultat de concessions réciproques, et c'est à ce titre qu'elle se recommande à l'approbation des Gouvernements.»

«L'Association littéraire peut constater avec plaisir l'ensemble des résultats obtenus. Son président, Mr. LOUIS ULBACH, a exprimé à la fin de la conférence, la satisfaction que les intéréssés éprouveront sans doute: «Nous avons beaucoup travaillé, Messieurs, a-t-il dit, et je n'oublierai jamais les efforts ardents et heureux de cette bonne volonté unanime pour arriver à se mettre d'accord sur les principes les plus délicats, les plus récemment soumis à la discussion de la diplomatie européenne. Vous emporterez la conviction d'avoir fait une œuvre ineffaçable. Moi, je reporte à mes amis un enseignement précieux. Ce sont souvent les ayants droit qui ignorent le plus les conditions mêmes de leur ambition professionnelle. Sur plus d'un point, vous avez affermi ma foi; sur bien d'autres, vous l'avez augmentée. Au nom de mes confrères, les hommes de lettres et les artistes de tous les pays, je vous remercie de tout le bien que vous leur avez fait.»

Le projet élaboré en 1884 fut soumis à l'examen d'une seconde conférence diplomatique tenue à Berne en 1885. M. Numa Droz a bien voulu retracer encore l'historique de ces travaux dans une étude fort attachante (1).

«Si en 1884, dit-il, les travaux de la conférence avaient été laborieux, il fallait s'attendre á ce qu'ils le fussent bien davantage en 1885. Le projet de convention de 1884 avait cherché à codifier, dans une certaine mesure le droit matériel applicable aux auteurs; non content d'assurer à tous le droit national dans chaque pays, ainsi que le faisait l'Avant-projet présenté par le gouvernement suisse le projet de 1884 fixait des regles précises de droit strict sur divers points importants tels que le droit de traduction, les emprunts licites à des œuvres protegées, etc. Ce sont surtout ces dispositions qui ont été attaqueés à divers points de vue (2)....

(1) *Journal de Clunet*, 1885, p. 481.

(2) V. les observations du syndicat des Sociétés littéraires et artistiques de Paris, *Journal de Clunet*, 1885, p. 55, et la réponse de M. Numa Droz, *ibid.*, p. 163.

Sous l'empire de considérations toutes différentes, certains gouvernements tels que ceux de la Grand-Bretagne, de la Suède et de la Norvège demandaient qu'on unifiât le moins possible afin de ne pas multiplier le nombre des écueils que la réforme des législations intérieures aura à surmonter ou à traverser pour arriver à mettre ces législations en harmonie avec la convention.»

» Le représentant du Gouvernement suisse caractérisant ainsi le situation dans son discours d'ouverture:— La constitution d'une Union générale pour la protection des droits d'auteur, sur la base de l'assimilation des ètrangers aux nationaun, et de la suppression des formalitès multiples actuellement exigées, ne parait pas rencontrer de contradicteurs. Si des divergenes de vues se produisent, elle portent sur d'autres points plus ou moins importants du projet et en particulier sur ceux qui ont pour conséquence de modifier certaines dispositions des lois intérieures. Evidemment, messieurs, le but de notre convention droit être d'assurer réciproquement des droits réels aux ressortissants des divers pays de l'Union; par consequent il est nécessaire pour combler les lacunes que les législations nationales peuvent contenir, d'unifier, dans une certaine mesure les principes de la propriété littéraire et artistique qui ont un caractère véritablement international. Chacun est pénétré de cette conviction, mais on diffère sur la mesure dans laquelle l'unification doit avoir lieu. Les uns qui appliquent chez eux des principes tres avancés, qui sont aussi pour les autres pays de grands fournisseurs de produits intellectuels, voudraient voir cette unification atteindre du premier coup, sur les points qui leur tiennent à cœur, l'idéal le plus complet. D'autres, guidés par la nécessité d'une situation dont il faut tenir compte, veulent bien faire un pas en avant, mais ne peuvent le faire si grand pour la première fois. Ce sont là des difficultés sérieuses mais qui, à mon avis et j'aime à le croire, au vôtre, ne sont pas insurmontables..... Les littérateurs et les artistes réclament naturellement le plus de protection possible ; de leur côlé, les juristes et les légistes discutent, au point de vue théorique et pratique, le bieu fondé des droits, en partie nouveaux, dont ou leur demande la reconnaisance.

«Ce qui domine toutefois le conflit des opinions et des intérêts dans ces régions, comme dans les sphères officielles, c'est le sentiment qu'une Union universelle pour la protection des droits d'auteur s'impose comme une nécessité de notre èpoque.»

«A la suite d'une discussion générale qui a rempli trois séances plénières, la conférence à dû reconnaitre que si elle voulait voir le plus grand nombre des pays entrer dans l'Union elle ne devait codifier le droit matériel que dans la mesure où cette codification peut être acceptée par ceux des pays dont l'adhésion sera une garantie de succès pour l'œuvre commune. Appelée à choisir entre une Union restreinte, ne comprenant que les pays les plus avancés en matière de protection des œuvres littéraires et artistiques, et une Union embrassant presque tous les pays importants au point de vue de la littérature et des arts, la Conférence a envisagé que cette dernière alternative présentait plus d'avantages que l'autre, et lui a donné en conséquence la préférence.»

L'effort de la Conférence a été des plus laborieux.

«Du 9 Sept. au 17 Septembre 1885, les sèances du comité général, auxquels tous les délégués assistaient, et de son comité de rédaction, se sont succédées sans relâche, durant parfois de 9 heures du matin à 8 heures du soir, avec un intervalle d'une heure pour le dèjeuner.»

Cette ardeur méritoire aboutit le 19 Septembre 1885

au 2e projet d'Union, amendant celui de 1884, et qui reçut la signature *ad referendum* des représentants de l'Allemagne, de l'Espagne, de la France, de la Grande-Bretagne, d'Haïti, d'Honduras, de l'Italie, des Pays-Bas, de la Suède et de la Norvège, de la Suisse, de la Tunisie.

Il fut entendu que le projet ne serait plus susceptible d'amendement et serait rejeté ou adopté en bloc par les gouvernements.

Les gouvernements prirent encore une année pour étudier ce projet, et renvoyèrent leurs délégués à Berne en septembre 1886 avec mandat de le convertir en instrument diplomatique définitif.

Mr. le conseiller fédéral Numa Droz qui avait tant travaillé à l'œuvre commune, et qui avait présidé d'une façon si remarquable les débats dela Conférence de 1883 et des Conférences diplomatiques de 1884 et 1885 fut acclamé président de cette dernière réunion. M. Arago ambassadeur de France à Berne, fut nommé seul et unique vice-président sur la proposition de Mr. le Conseiller Reichardt, délégué d'Allemagne, «en hommage rendu, a-t-il dit, non seulement à l'homme éminent et ami de notre œuvre, mais encore á la France, qui a toujours été des premières à prêter son puissant appui, dès qu'il s'est agi de proclamer, de faire connaitre, ou de perfectionner la protection du droit d'auteur» (1).

Suivant l'engagement pris, les articles votés en 1885 ont été considérés comme acquis, et dés lors, les propositions susceptibles d'y apporter des dispositions nouvelles ont eté écartées. Exception a été faite pour une simple correction de rédaction proposée par la

(1) Publication officielle des actes de la 3.e conférence internationale. Berne, 1886, p. 13,

Suisse. Seul, le protocole de clôture reçut une addition à son article 6, où un blanc d'ailleurs avait été ménagé pour l'indication de la date et du lieu de réunion de la prochaine Conférence, chargée d'améliorer s'il y a lieu, la convention actuelle.

Le 9 Septembre 1886, dans la salle du Conseil des Etats, á Berne la convention fut signée par les représentants de dix Etats: l'ALLEMAGNE, la BELGIQUE, l'ESPAGNE, la FRANCE, la GRANDE-BRETAGNE, HAÏTI, l'ITALIE, LIBÉRIA (1), la SUISSE, la TUNISIE.

Douze Etats cependant s'etaient fait représenter à la conférence de 1886. Les deux Etats qui crurent devoir s'abstenir étaient le JAPON, dont le délégué n'avait du reste été nommé que *ad audiendum* et les ETATS-UNIS de l'Amérique du Nord, dont le délégué. Ch. Winchester expliqua que si son gouvernement ne participait pas comme signataire à la convention, ce n'était pas parce qu'il n'adhérait pas aux principes qu'elle consacrait, mais uniquement â raison des dispositions de la Constitution américaine, qui réservait à la législature le droit de se prononcer en pareille matière.

Il a fait la déclaration suivante, dont l'importance est capitale; elle montre quel est l'état d'opinion de ce grand pays sur une question où il a été longtemps accusé de ne vouloir faire aucune concession aux idées modernes: «Bien qu'empêché de prendre part à la convention à titre de signataire, a dit le délégué américain, mon Gouvernement désire que pour cela, on ne le considére nullement comme opposè à la mesure dont il s'agit; il tient, au contraire, à réserver intacte sa faculté d'accéder ultérieurement à la convention, s'il lui parait opportun de le

(1) La république de *Liberia* u'etait pas présente à l'echange de ratifications à Berne le 5 Septembre 1887.

faire... L'attitude des Etats-Unis est celle d'une réserve expectante. La Constitution de ce pays énumère parmi les attributions expressement réservèes au Congrès celle de—favoriser les progrés des sciences et des arts utiles, en assurant aux auteurs et inventeurs, pour un terme limité, un droit exclusif sur leurs œuvres et découvertes respectives—ce qui implique que l'initiative des mesures à prendre et la fixation des limites à observer en ces matières dépendent plutôt de l'autorité législative que du pouvoir exécutif. Les droits d'auteur et les brevets sont placés sur le même pied par la législation fédérale, et le pouvoir exécutif ne peut pas perdre de vue que les questions relatives à le propriété littéraire continuent à être pendantes devant le pouvoir législatif, ni méconnaître le droit constitutionnel appartenant à ce dernier, de conclure des traités internationaux sur cette matière importante.

» La question de la protection internationale des droits d'auteur a une grande importance pour les Etats-Unis. En effet, combien de nations pourraient y prendre plus d'intérêt que cette agglomération de 60 millions d'hommes, qui se distinguent par un mouvement intellectuel actif et éclairé? C'est pourquoi, sans vouloir porter atteinte á la prérogative constitutionnelle du Congrès, qui consiste à élaborer la législation sur les droits d'auteur et à déterminer les droits des étrangers et des nationaux, qui sont également du ressort de sa juridiction, le pouvoir exécutif exprime avec empressement son plein accord avec les principes énoncés dans la convention projeteé.

» Il espère aussi quc lc temps n'est plus éloigné où le droit de proprieté sur les créations de l'esprit pourra être assuré en tout lieu, et cela de façon à satisfaire également aux exigences de l'auteur et au droit que possède tout le monde de tirer profit de la diffusion des ideés. L'homme dont le cerveau crèe a droit á une légitime et entière rémunération. C'est là un principe qui repose sur un sentiment naturel d'équité. La propriètè littèraire a été jusqu'à un certain point, reconnue dans tous les temps, et est garantie aujourd'hui par la législation intérieure de presque tous les Etats. Ce droit doit être reconnu et garanti sans distinction de nationalité et sans égard aux frontières politiques ».

On voit quel chemin a fait l'idée de la reconnaisance internationale du droit des auteurs et artistes étrangers aux Etats-Unis depuis qu'au Congrés de Londres en 1879, Mr. Lermina signalait avec raison les deux Amériques comme réfractaires à ce principe (1), et depuis même 1884, si l'on se rapporte à l'attitude prise par les Etats-Unis à la Conférence de cette année là (2).

Quelques Etats de grande importance sont restés en dehors de l'Union. Pour les uns, il faut attendre du temps leur conversion; pour les autres, il ne s'agit que d'un simple retard, qui sera bientôt réparé; car ils ont annoncé l'intention d'introduire à brève échéance, dans leurs lois internes, les modifications indispensables pour participer au Concordat de 1886.

M. Numa Droz a caractérisé cette situation dans les termes suivants en ouvrant les débats de la troisième Conférence diplomatique: «Parmi les Etats restés en dehors, nous regrettons de voir le groupe entier de ceux qui appartiennent aux langues slaves. Cependant le mouvement littéraire et artistique s'accentue de plus en plus dans ce pays et attire l'attention pleine d'intérêt des peuples de plus ancienne culture. Nous aimons à

---

(1) Rapport sur la traduction p. JULES LERMINA. Bulletin del'association, mai-juin 1879, p. 13.

(2) V. *Supra* p. 20.

croire que le jour n'est pas éloigné où leurs gouvernements reconnaitront que la protection des droits d'auteur est l'un des meilleurs moyens de développer les lettres et les arts, source de toute civilisation et cause de toute supériorité véritable.

»Nous regrettons de ne pas voir parmi nous les représentants de deux pays qui ont pris part aux précédentes Conférences, l'Autriche-Hongrie et les Pays Bas; mais l'état de leur législation ne leur a pas permis d'adhérer pour le moment. Ils ne tarderont pas sans doute à se joindre à nous.

»Jusqu'à ce moment, nous n'avions aucune nouvelle de la Suède et Norvège, dont les représentants ont pris une part éminente aux précédentes Conférences. Nous supposions qu'il s'agissait d'un simple retard, et que si ces pays ne devaient pas figurer parmi les signataires de la Convention, ils devaient être les premiers à y adhérer; cette supposition a été pleinement confirmée par un office du ministère des Affaires Etrangères de Stockholm, dont je détache le passage suivant:—Le travail législatif nécessaire n'ayant pas été achevé ni en Suède, ni en Norvège, pendant la session parlementaire de 1885, le gouvernement du roi se voit, à son regret, dans l'impossibilité de prendre part à la nouvelle Conférence, mais il tient à exprimer au Conseil fédéral, et par son organe, aux Etats représentés à la Conférence, son ferme espoir de pouvoir accéder, avant l'expiration du terme fixé pour l'échange des ratifications aux stipulations de la Convention et de ses annexes.» (1)

Le 5 Septembre 1887, les Plénipotentiaires désignés

(1) L'adhésion de la Suède et Norvège n'est pas parvenue à la date de l'échange des ratifications; 5 septembre 1887.

à cet effet par les gouvernements de l'ALLEMAGNE, de la BELGIQUE, de l'ESPAGNE, de la FRANCE, de la GRANDE-BRETAGNE, de HAÏTI, de l'ITALIE, de la SUISSE et de la TUNISIE se sont réunis au Palais fédéral à Berne, et ont procédé à l'échange des ratifications de la Convention. Conformément aux dispositions de son article 20, la Convention entrera en vigueur dans les trois mois de cette date, soit le 5 décembre 1887 (1). La France, à ce autorisée par le Sénat et la Chambre des Députés dès le 28 mars 1887, s'est empressée de la promulguer dans son *Journal Officiel* du 16 septembre 1887.

La Convention du 9 Septembre 1886, constitue un des actes internationaux les plus considérables du siècle. Devant ce résultat inespéré, ses promoteurs ravis et émus, se demandent s'il est bien vrai que l'ère du rêve soit déjà close.

L'honneur de cette belle réalité revient pour une très grande partie à l'Association littéraire et artistique internationale. Depuis sa création, elle n'a cessé de prêcher en tous lieux, sans défaillance, la bonne doctrine; multipliant les congrès, semant les travaux de la plume et de la parole; faisant naître, pour les diplomates, les littérateurs, les artistes, les juristes de toute nationalité, les occasions de se connaître personnellement, et provoquant ainsi le désir mutuel de s'entr'aider et de concourir au profit les uns des autres à une oeuvre d'équité et de justice. Enfin, c'est elle qui en 1883, dans la Conférence extraordinaire de Berne, a rédigé l'avant-projet qui a eu l'honneur d' être pris pour base des travaux des conférences diplomatiques ultérieures.

Il convient de faire également la part des diploma-

(1) Communication de M. Numa Droz, président de la Confédération suisse au *Journal de Clunet*, 1887, p. 507.

tes qui se sont ensuite réunis dans cette même ville de Berne, pendant quatre années consécutives, en 1884, en 1885, en 1886 et en 1887, sous la présidence de l'éminent conseiller fédéral NUMA DROZ, qui occupe si dignement aujourd'hui la première magistrature de la République Helvétique. On ne saurait leur rendre trop de grâces pour le zèle qu'ils ont déployé dans l'élaboration difficile du traité international dont nous saluons ici l'avènement. L'expérience, la connaisance approfondie du sujet, le labeur consciencieux sont des qualités trop inhérentes à de telles fonctions pour qu'elles permettent la louange. Ce qui nese rencontre pas toujours, même en des matières d'où la politique est exclue, c'est une vue des choses sans parti pris, et cette heureuse disposition aux concessions réciproques, qui seule a permis de mener à fin une œuvre où les conflits d'opinion etaient vifs et nombreux. Messieurs les délégués des Etats représentés à Berne, ont certainement bien mérité des écrivains et des artistes de tous les pays (1).

---

(1) Les noms de ces représentants doivent être conservés; ils étaient, lors de la 2e conférence diplomatique tenue à Berne en Septembre 1885, qui fût celle où la discussion à été la plus approfondie, et où en somme, a été arrêté le texte de la Convention définitive: pour l'ALLEMAGNE MM. les conseillers intimes *Reichardt*, *Meyer* et *Dambach* ; pour la république ARGENTINE, *M. Hector Alvarez*, ministre à Berne ; pour le BELGIQUE, *M. Maurice Delfosse*, ministre à Berne ; pour l'ESPAGNE, le comte de la *Almina*, ministre à Berne et *D. Manuel Tamayo y Baus*, secrétaire perpétuel de l'Académie espagnole; pour les ETATS-UNIS D'AMÉRIQUE, *M. Winchester*, ministre à Berne ; pour la FRANCE, *MM. Arago*, ambassadeur à Berne; *Louis Ulbach*, président de l'Association littéraire et artistique internationale; *René Lavollée*, consul général de France, et *Louis Renault*, professeur à la Faculté de droit de Paris; pour la GRANDE-BRETAGNE ; *MM. Adams*, ministre à Berne, et *Bergne*, « Superintendent of the treaty Department of the Foreign office;»

Mais ce serait tout á la manquer à la justice, et faire preuve d'impardonnable ignorance, si dans ce tribut d'èloges, on oubliait le lot du à une nation, qui a grandement contribué à hâter l'heure de cette heureuse solution. Le délégué de l'Allemagne, lors de la Conférence de 1886, voulait bien proposer l'ambassadeur de France à Berne, comme vice-président «en hommage à la France qui a toujours été des premières à prêter son puissant appui dès qu'il s'est agi de proclamer, de faire connaître ou de perfectionner la protection du droit d'auteur.»

Un hommage public doit être également rendu, à l'occasion de la promulgation de la Convention d'Union à un autre pays, auquel ce droit sacré a été particulièrement cher, et qui dans ces dernières années, a marché à la tête de tous, pour en améliorer le régime international; nous avons nommé, l'ESPAGNE.

Rôle bien digne d'une nation qui a donné à l'histoire universelle des lettres et des arts les noms glorieux et partout célébrés de *Cervantes*, *Lope de Vega*, *Calderon*,

---

pour HAITI, le *Dr. Janvier*; pour HONDURAS, le *Dr. Weder*; pour l'ITALIE, MM. le comte *Fe d'Ostiani*, ministre à Berne; *Enrico Rosmini*, Vice-président de la Société italienne des auteurs, et *Remigio Trincheri*, chef de section au Ministère de l'Agriculture et du Commerce; pour le PARAGUAY, *M. Decoud*, ministre des affaires ètrangères de ce pays; pour les PAYS BAS, *M. Verwey*, consul général de Suisse; pour la SUÈDE et la NORVÈGE, *MM. A. Lagerheim*, Secrétaire général du Ministère des Affaires étrangères, et *F. Baetzmann*, Vice-président honoraire de l'Association littéraire internationale; pour la SUISSE, MM. les Conseillers fédéraux *Numa Droz*, président de la Conférence, et *Ruchonnet*, le professeur *d'Orelli*; pour le TUNISIE, *M. L. Renault*, délégué de la France.

L'Association littéraire et artistique internationale comptait parmi les délégués: MM. Droz et Ruchonnet; son président, M. L. Ulbach; un de ses vicéprésidents, M. Baetzman.

Tirso de Molina, *Quevedo*, *Velazquez*, *Murillo*, *Ribera*, etc., pour ne citer que ceux qui sont morts depuis très-longtemps!

Le 10 janvier 1879 (1), l'Espagne promulguait une loi sur la propriété intellectuelle, codifiant en un texte unique les droits des auteurs et des artistes et consacrant les principes les plus libéraux qu'ait encore connus la loi positive en ces questions: durée de la protection pendant la vie de l'auteur et 80 ans après sa mort (art. 6). —Réserve du droit de reproduction, lors de l'aliénation d'une œuvre d'art, sauf pacte contraire (art. 9).—Droit pour les auteurs étrangers sur la traduction de leurs œuvres pendant toute la durée de la protection de celles-ci (art. 13).—Réserve du droit de représentation en public (act. 19).—Elle posait enfin dans son art. 51 les principes qu'il convenait d'adopter dans les conventions internationales: 1° Complète réciprocité entre les deux parties contractantes. 2° Obligation de se traiter mutuellement comme la nation la plus favorisée. 3° Tout auteur ou son ayant-droit quise met en règle pour son droit de proprietè (*que asegure con los requisitos legales su derecho de propiedad*) dans un des pays contractants, l'aura assuré dans l'autre sans nouvelles formalités (2).

---

(1) Dans son savant ouvrage, *La propiedad intelectual*, pag. 62, D. Manuel Danvila nous révèle, pour la première fois, que l'Espagne a possédé une loi du 5 aout 1823 admettant la propriété littéraire sans limitation de durée. Malheurensemcut cette loi fut abolie par Ferdinand VII le 1.er Octobre 1823. Elle eut une existence éphémére de trois mois.

(2) Nous résumons ici l'historique de cette loi. L' initiative en appartient à notre éminent confrère D. Manuel Danvila, avocat et ancien vice-président du Congrès des députés d'Espagne. Dès les 14 et 17 Octobre 1876, il signalait les réformes à apporter à la législation espagnole sur la matière daus une série d'études publi-

Dès l'anneé suivante, l'Espagne passait à l'application, dans les conventions internationales, des principes proclamés par sa loi nationale. Elle inaugurait la série de de ses traités nouveaux en signant avec la France la convention du 16 juin 1880 (1) immédiatement suivie du

---

cés par la *Epoca*, sous ce titre: «*Lo que ha sido, lo que es y lo que debe ser en España la propiedad intelectual.*»

Le 7 Novembre 1876, D. Manuel Danvila déposait au Congrès des Députés un projet de loi sur la propriété intelectuelle qui était pris en considération.

Le projet était appuyé par MM. Victor Balaguer, Mariano Carreras y Gonzalez, Emilio Castelar, J. Emilio de Santos, Gaspar Nuñez de Arce, Ignacio J. Escobar.

Le Congrès nomma une Commission ainsi composée: *Tomás Rodriguez Rubi*, Président; *Ignacio S. Escobar, V. Balaguer*, *G. Nuñez de Arce, Manuel Danvila*, Secrètaire. Elle présenta un projet reproduisant, avec peu de modification, celui de Manuel Danvila, le 4 Janvier 1877. Sur la proposition du promoteur de la loi, le projet fut approuvé le 7 Juillet 1877 et transmis au sènat, qui, le 8 Juillet 1877, nomma une commision composée de MM. le Marquis de *San Gregorio*, *Pascual*, Comte de *Tejada de Valdosera*; Comte de *Casa-Galindo*, Secrètaire; *Escosura; Olivon y Madrazo*, et plus tard (en 1878) de MM. le Marquis de *Valmar* et de *Heredia*.

Le 15 Février 1878, le sénateur *P. Alarcon*, déposa un nouveau projet.

Le 11 Décembre 1878, la Commission sénatoriale deposa son projet, reproduisant les parties essentielles du projet voté par le Congrès de Députés.

Toutefois comme il y avait un certain désaccord entre les travaux du Congrès et du Sénat, on procéda à la nomination d'une commission mixte, ainsi constituée: Marquis de *Valmar*, Président; *Victor Balaguer; Emilio Castelar; G. Nuñez de Arce;* Comte de *Casa-Galindo;* Comte de *Llobregat*; F. de *Madrazo;* Marquis de *San Gregorio; Nilo Maria Fabra*, *I. Alvarez Mariño*, Secrétaire. Cette commission arrèta le 18 décembre 1878 un projet définitif, qui, approuvè sans discussion, voté par le Sénat et le Congrès le 26 décembre 1878, promulgué le 10 Janvier 1879, est devenu la loi actuelle.

(1) V. aux *annexes*, p. 80.

traité hispano-belge du 26 juin 1880, du traité hispano-italien du 28 juin 1880, du traité hispano-portugais du 9 août 1880, du traité hispano-anglais du 11 août 1880.

L'Espagne fit reconnaître dans ces conventions les points suivants : asimilation des étrangers aux nationaux; dispense de toutes formalités autres que celles de la loi du pays d'origine; durée du droit de traduction égale à celle du droit sur l'œuvre originale; interdiction des adaptations, imitations dites de bonne foi etc. Ces principes avaient figuré jusque là parmi les vœux exprimés dans les assises tenues par les écrivains et les artistes (1). En les voyant passer ainsi dans le droit conventionnel, les défenseurs de la propriété littéraire et artistique reçurent un encouragement qui doubla leur force et appuya leurs doctrines d'une autorité qui leur manquait encore.

Tous ceux qui depuis de longues années ont employé leurs connaisances, leur labeur, leur influence pour consolider, élargir, améliorer le sort des travailleurs intellectuels dans les rapports internationaux, se joindront volontiers à l'auteur de ces lignes pour reconnaître de quel secours leur a été, dans les combats de la plume et de la parole, l'œuvre du législateur espagnol. Combien de fois, lorsque l'un de nous avançait une proposition que la fraction du public, timide aux nouveautés, acueillait froidement, n'a-t-il pas ramené les hésitants en leur citant l'exemple de l'Espagne? Notre regretté confrère Pataille, d'excellente mémoire, qui a été, il ya

---

(1) Vœux du Congrès littéraire du 1878. *Bull. de l'assoc. litt. et artist. intern.* p. 2. V. proposition adoptée de M. Dognée, *Compte rendu officiel du Congrès de la propriété artistique à Paris de* 1878 p. 52, 57 : proposition adoptée de M. Clunet, *ibid.* p. 96; de MM. Huard, Romberg, Clunet, *ibid.* p. 104-106.

plus de 30 ans, un des pionniers de la cause qui triomphe aujourdhui, invoquait même la loi espagnole en 1878, quand elle était encore dans la période de formation (1). Que d'occasions n'avons-nous pas eu depuis 1879 et 1880, d'appuyer nos opinions du droit positif et conventionel d'un grand pays, en citant ce qu'avait dit, ce qu'avait déjà réalisé l'Espagne! La doctrine espagnole de la loi du 10 janvier 1879 et des conventions diplomatiques de 1880 étaient devenues comme la formule supèrieure vers laquelle il convenait d'acheminer doucement le loi intérieure des divers pays civilisés, et leur régime international.

Le nom de l'Espagne retentit souvent dans les débats de l'avant-projet de Convention d'Union de 1883 (2), source de la Convention définitive. C'est un simple hommage à la vérité que de rappeler, que si certaines dispositions y ont été insérées, que si elles ont trouvé grâce devant les diplomates qui les ont examinées en dernier ressort, la loi et les Conventions espagnoles ont pesé dans ce résultat de toute l'autorité d'un précédent législatif et diplomatique, ayant victorieusement subi l'épreuve d'une pratique de plus de 6 années.

---

(1) *Compte rendu oficiel du Congrès de la propriété artistique de Paris de* 1878, p. 52.

(2) V. les citations faites par M. Clunet, p. 4, 9, 13 et 17; par M. Lermina, p. 6 du cpt. rdu. de la Conférence de Berne. *Bull. de l'assoc. litt. et artist. internat.* Novembre, 1883.

III.

Quelques résultats pratiques de la Convention d'Union dans les relations internationales.

Les effets utiles de la Convention d'Union ne vont pas tarder à se faire sentir. Ils s'annoncent déja alors que plusieurs mois nous séparent encore de la date de sa mise en vigueur (5 décembre 1887).

Cette Convention remplacera pour certains pays les traités, actuellement en cours sur lesquels elle constitue un indiscutable progrès. L'Angleterre et la France se sont déjà entendus pour la substituer au traité littéraire et artistique du 3 Novembre 1851 et à l'acte additionnel du 11 août 1875. La question a été soumise au Parlement anglais (1); le gouvernement français l'annonce officiellement comme résolue (2). Nous ne la considérerons toutefois comme telle, qu'après l'intervention du parlement français. Nous avons toujours soutenu que les accords internationaux en cette matière ne pouvaient se passer de l'assentiment des Chambres (3) même lors qu'il s'agissait d'une simple substitution de traités.

---

(1) *Parliamentary Papers*, France n° 2 (1887). Literary and artistic, Convention of 3ª Novembre, 1851. Declaration terminating.

(2) *Journal de Clunet*, 1887, p. 380.

(3) Défaut de validité de plusieurs traités diplomatiques, etc. *Journal de Clunet*, 1880, p. 42. M. le sénateur Bozèrian, président du Congrès de la propriété industrielle à Paris en 1878, rapporteur

Plusieurs Etats, qui n'avaient pu se mettre d'accord jusqu'ici pour regler la matière par voie de traités spéciaux se trouveront mutuellement liés par la Convention d'Union. Tel sera notamment le sort de l'Espagne et de l'Allemagne toute deux, membres de l'Union. Ce sera le fin des faits regrettables qui se produisent actuellement, et qui viennent de soulever un procès qu'un correspondant à l'obligeance de nous signaler.

L'importante librairie Brockhaus de Leipsig avait entrepris, il y a quelque temps, la publication d'une collection d'auteurs espagnols, destinée à être plus particulièrement répandue dans l'Amérique du Sud. L'absence de convention littéraire et artistique entre l'Allemagne et l'Espagne, avait probablement fait croire à la maison Brockhaus qu'elle était libre de publier dans cette collection les ouvrages des auteurs espagnols sans consentement préalable, ni redevance d'aucune sorte. L'un d'eux cependant, le poëte Antonio de Trueba (1), apprenant que cette collection renfermait sept de ses œuvres s'adressa fort courtoisement aux éditeurs allemands pour réclamer ses droits. La maison Brockhaus ne répondit pas. Le pöete espagnol écrivit alors une lettre au *Deutsche Schriftsteller Zeitung* de Berlin dans laquelle, il dénonçait

---

de la loi approuvant la Convention d'Union pour la protection des œuvres litteraires et artistiques, s'est prononcé contre notre opinion, qui comptait parmi ses partisans notre éminent confrère Pouillet. La doctrine de M. Bozérian n'a été pas suivie par le gouvernement. Depuis 1880, toutes les conventions relatives a la propriété littéraire et industrielle ont été soumises à l'approbation parlementaire.

(1) Nous saisissons cette occasion d'adresser ici un salut amical an célèbre auteur de *El libro de los Cantares*. Se souvient-il encore de la visite, que l'écrivain de ces lignes lui rendait à Bilbao ilya plus de 20 ans, pour lui exprimer de vive voix toute son admiration ?

la conduite de la maison allemande «comme en contradiction avec le septième commandement de Dieu». MM. Brockhaus jugeant leur honneur offensé par la publication de cette lettre poursuivirent en justice le Docteur Lange, rédacteur en chef du journal berlinois. Celui-ci fut acquitté par le tribunal de 1ère instance de Leipsig, et sur l'appel des éditeurs, par la juridiction du second degré, aux applaudisements d'un grand nombre d'écrivains et de journalistes présents à l'audience. Les juges allemands ont opiné que la maison Brockhaus n'aurait pas dû, en stricte morale, reproduire les œuvres du pöete espagnol sans son assentiment (septembre 1887). On assure que les éditeurs allemands n'en continnent pas moins à faire paraître leur *Coleccion de autores españoles.*

Signalons une autre conséquence pratique de la Convention d'Union. On sait qu'il y a aux Etats-Unis un très grand nombre de publications en langue allemande soutenues par le courant d'émigration germanique qui se dirige vers ce pays. Ces publications, dont le nombre dépasse 400, vivent en grande partie d'emprunts faits aux livres et journaux d'outre Rhin. En examinant la collection annuelle d'une seule de ces publications, on n'a pas relevé moins de 347 contrefaçons exercés aux depens de l'Allemagne. Les Allemands ont qualifié d'un terme fort vif le procédé de leurs anciens compatriotes; ils l'appellent la piraterie américaine (*amerikanische Freibeuterei*) (1).

Mais ce qu'il y a de piquant, c'est que les pirates transatlantiques trouvent leurs aides et leurs complices en Allemagne. La *Rédemption* du grand compositeur français Gounod est la propriété des éditeurs de musique, Tewer et Cie, de Londres. Un éditeur américain, Schirmer

(1) Chavegrin, *Journal de Clunet* 1886, p. 435.

de New-York, désireux de ne pas payer à son confrère de Londres la redevance légitime, fit graver la partition par un Allemand, Röthing, en territoire allemand et se fit expédier à New-York les feuilles et les planches qui avaient servi à leur exécution. L'éditeur anglais actionna en contrefaçon le graveur allemand Röthing, qui se défendit, en invoquant que la propriété littéraire et artistique des étrangers n'était pas reconnue aux Etats-Unis, et que l'ouvrage commandé ètant exclusivement destiné à ce pays le fait n'était pas délicteux. La thèse fut admise par le tribunal de Leipsig, en 1ère instance: mais sur appel, elle fut rejetée par le *Reichsgericht* dans l'arrêt du 1er octobre 1883. Nous en extrayons les passages suivants: «Il est inexact, ou au moins très contestable d'affirmer que Röthing a eté seulement complice et non co-auteur du délit (art. 47 Code pénal allemand). D'autre part, complice ou co-auteur, il devrait être puni, car la criminalité objetive de la contrefaçon (*Nachdruck*) existe, quel que soit le pays en vue duquel elle est opérée. L'act. 4 de la loi de 1870 ne contient à cet égard, aucune distinction et l'art. 16 de la même loi étend les peines qu'il édicte à quiconque commet une contrefaçon, en vue d'en répandre le produit, soit en Allemagne, *soit à l'étranger*, peu importe le pays visé. Il est vrai, ajoute l'arrêt, que suivant une certaine doctrine, la reproduction effectuée sans l'aveu de l'auteur est innocente, quand on établit, chez celui qui l'a faite, l'intention de ne publier qu'après l'expiration de la propriété littéraire; mais il n'y a nul rapport entre cet ordre d'idées et l'hypothèse soumise au tribunal de Leipsig. Si on comprend qu'une édition se prépare impunément pour le temps où l'ouvrage sera dans le domaine public, on ne s'expliquerait pas que des reproductions pussent en être opérées en vue de l'époque où le droit de l'auteur existe encore, sous le prétexte qu'on les répandra uniquement dans des contrées dont la législation, *contraire sur ce point à celle de l'Allemagne*, ne reconnait pas le droit dont s'agit» (1).

Nous avons tenu à reproduire les termes essentiels de cet arrêt du tribunal de l'Empire allemand, car il prend une très grande importance avec l'apposition de la signature de l'Allemagne au bas de la Convention d'Union. Il résulte de cette jurisprudence de la cour suprême allemande, que les Etats adhérents seront protégés contre une usurpation ou une contrefaçon de leurs œuvres non seulement en Allemagne, mais indirectement dans les pays qui ne reconnaissent pas de droits aux auteurs et aux artistes étrangers, si les éléments matériels de cette usurpation ou contrefaçon sont exécutés en Allemagne. Or, on sait combien l'outillage trés complet des maisons allemandes et le bas-prix de la main d'œuvre en ce pays, y attirent les commandes des contrefacteurs. Il ne sera plus dès lors possible de faire copier en Allemagne un livre ou une œuvre d'art sans le consentement de son auteur, sous prètexte de destination à tel pays d'Europe ou d'Amérique, qui méconnait jusqu'ici le droit international en matière littéraire ou artistique. C'est là une extension du rayon de protection de la Convention d'union qui n'avait peut-être pas été aperçue du premier coup.

---

(1) Communication de M. CHAVEGRIN, agrégé à la faculté de droit de Paris, dont le *Journal de Clunet*, va publier une interéssante étude intitulée: «*Questions relatives à la propriété littéraire en Allemagne et en Angleterre, notamment dans les rapports internationaux.*»

IV.

Principales dispositions de la convention d'Union.

Il nous reste maintenant à examiner les principales matières que contient le texte de ce précieux Concordat. Son trait dominant est la proclamation des principes suivants :—Assimilation des Unionistes aux nationaux. —Conservation des droits par le seul accomplissement, des formalités exigées par la loi d'origine.—Interdiction des appropriations indirectes telle que adaptations, arrangements.

Nos explications porteront sur ces points principaux, et sur quelques autres, bons à signaler, pour la connaissance utile de la Convention.

TITRE ET TERMINOLOGIE (art. 1).—La Commission de l'avant-projet d'Union écartant le titre de «Convention littéraire universelle», comme insuffisant et trop ambitieux, s'était arrêté à «Projet de convention pour constituer une Union pour le protection des œuvres littéraires et artistiques.» Sur les observations de MM. Numa Droz, Louis Ratisbonne et Tallichet le titre fut ainsi modifié: «Projet de Convention pour constituer une Union générale pour la protection des droits des auteurs sur leurs œuvres littéraires et artistiques.» Cette rèdaction confirmée à quelques expressions près, par la prémière Conférence diplomatique, avait été critiquée en France. Certaines personnes croient tout perdu quand la vieille terminologie de «propriétè littéraire et artistique» est remplacée par une expression plus en rapport avec la nature même du droit spécial que ces mots désignent. Le gouvernement français consentit à faire état de ces scrupules, et proposa à la Conférence de 1885 l'insertion des mots «propriété littéraire et artistique.» La majorité de la Commission rejeta l'amendement, sur les observations de l'Allemagne, qui faisait ressortir l'incorrection juridique de ce terme. Pour concilier des théories qui se présentaient avec une formule trop absolue. La Délégation suisse proposa de revenir à la rubrique de l'avant-projet de l'Association littéraire internationale: «protection des œuvres littéraires et artistiques.» Il avait été choisi par la Commission de l'Association précisement parce qu'il avait le double mérite, au fond de garantir les droits dont on se préoccupait et de se rapprocher du langage des lois modernes, de l'Allemagne (*Urheberrecht*, droit des auteurs), de l'Angleterre (*Copyright*, droit de copie ou reproduction), de l'Italie (*diritti degli autori*, droits des auteurs), etc. Cette solution recueillit l'approbation unanime. Le texte définitif devint : «*Convention concernant la création d'une Union internationale pour la protection des œuvres littéraires et artistiques*» (1).

ASSIMILATION DE L'ETRANGER AU NATIONAL.—(Article 2, paragr. 1er) La Convention consacre le grand principe de l'asimilation de l'étranger, ressortissant à l'un des pays de l'Union, au national. La France l'avait proclamé la première dans le décret-loi du 28 mars 1852, dont l'art. 1er décide: «La contrefaçon, sur le territoire français, d'ouvrages publiès à l'étranger et

(1) Au sujet de la terminologie scientifique qui s'adapte la mieux à notre matière, nous ne saurions trop recommander l'étude véritablement philosophique, publiée par M. Edmond Picard, avocat à Bruxelles, dans le *Journal de Clunet*, 1883, p. 564.—*adde* l'article de M. de Borchgrave sur la loi belge de 1886, relative au droit d'auteur. *Ibid* 1887, p. 403.

mentionnés en l'art. 425 du Code Pénal constitue un délit.» Les Congrès de Bruxelles en 1858, d'Anvers en 1861, de París en 1878 avaient demandé que les auteurs et artistes de tous pays fussent assimilés aux auteurs et artistes nationaux. Il convenait naturellement de restreindre ce principe excellent aux adhérents de l'Union.

FORMALITÉS AUXQUELLES LA PROTECTION EST SUBORDONNÉE.—PAYS D'ORIGINE.—(Art. 2, paragr. 2 e).—La Convention réalise ici un progrés considérable dont la commodité sera chaque jour appréciée dans la pratique de la vie littéraire et artistique.

Les unionistes n'auront plus à remplir dans les divers pays de l'Union des formalités sans nombre aussi fastidieuses qu'onéreuses; il leur suffira d'accomplir une fois pour toutes, celles exigées par la loi du pays d'origine de l'œuvre. On entend par *pays d'origine* celui de la première publication; si elle est simultanée dans plusieurs pays de l'Union, celui d'entr'eux dont la législation accorde la durée de protection le plus courte.

Une circonstance à signaler, c'est que la Grande-Bretagne, qui s'était toujours montrée jusqu'ici si attachée aux formalités d'enregistrement et de dépot, jugèes inutiles ailleurs, s'est ralliée de suite à cette simplification.

Elle était contenue dans le programme de l'Association (art. 1er) et figurait parmi les résolutions du Congrès littèraire de París de 1878 (art. 5). Sur la proposition de M. Doguèe, de Belgique, le Congrès artistique de París de 1878 avait voté: «l'auteur d'une œuvre d'art ne doit être astreint à aucune formalité pour assurer son droit.» Les Congrès de Bruxelles de 1858 et d'Anvers de 1877 s'étaient prononcès dans le même sens.

PERSONNES PROTÉGÉES.—MANDATAIRES LÉGAUX (article 2).—Les personnes protégées sont d'abord les auteurs des œuvres énumérées dans l'art. 4 de la Convention. L'avant-projet contenait une clause séparée pour dire que ces droits appartiendraient également aux mandataires légaux ou ayants cause des auteurs. La Conférence de 1884 l'avait admise telle quelle; celle de 1885 l'a supprimée avec raison, et a introduit purement et simplement les mots «ayants-cause» dans l'art. 2: «Les auteurs ressortissants à l'un des pays de l'Union, où leurs ayant cause, jouissent...»

Il était tout à fait incorrect de parler d'une protection accordée aux «mandataires légaux» des auteurs, puis que ces mandataires n'ont aucun droit par eux mêmes, mais peuvent seulement faire valoir, au nom des auteurs, les droits qui appartiennent à ceux-ci.

Par l'expression «ayants-cause,» il faut entendre les cessionnaires et héritiers des auteurs, leurs succeseurs à titre universel ou à titre particulier.

Durée de la protection (art. 2, par. 2, 3 et 4).— Ici des difficultés de sont produites. L'avant-projet de l'association, adopté complètement en ce point par le Conseil fèdèral Suisse, demandait que les auteurs d'œuvres littéraires et artistiques, quelle que fut leur nationalité, jouissent dans les autres Etats de l'Union, *des mêmes droits que les nationaux.* Ce systéme présentait un inconvénient: l'obligation de protéger dans le pays étranger, qui a une durée de protection plus longue, une œuvre tombée dans le domaine publiec dans le pays d'origine. Par exemple: l'Espagne protège l'œuvre 80 ans après la mort de l'auteur, la France 50 ans, l'Allemagne 30 ans. Par l'octroi du traitement national pur et simple, le Français, l'Allemand jouiraient en Espagne de la protection pour leurs œuvres tombées dans le domaine public dans leur propre pays depuis 30, depuis 50 ans.

Les Gouvernements se sont montrés peu disposés à reconnaitre à des étrangers des droits plus étendus qu'aux nationaux. On a suivi le système consacré par la plupart des conventions existantes, l'auteur est protégé à l'égal du national, mais seulement pendant la durée de la protection de la loi du pays d'origine, et en tant que cette durée ne dépasse pas celle de la loi nationale. L'œuvre française, allemande, recevra en Espagne le même traitement que l'œuvre espagnole, mais seulement pendant la vie de l'auteur et 50 ans après son décés pour le premier cas, et 30 ans pour le second. L'auteur espagnol, protégè chez lui pendant sa vie et 80 ans aprés, ne le sera pour la même période, que pendant 30 ans en Allemagne, et 50 ans en France. En résumé: un auteur ou un artiste étanger ne pent être protégé dans un Etat de l'Union pour une durée plus longue que celle accordée, soit par la loi de cet Etat, soit par sa loi nationale. Dans les rapports de deux Etats de l'Union entre eux, la durée de la protection se trouve fixée par la période la plus courte.

Nationalité de l'auteur et de l'œuvre. — Editeurs et entrepreneurs de spectacles (art. 3.) — Jouissent de la protection reconnue par la convention tout d'abord les auteurs, qui par les liens de l'allégeance ou de la nationalité appartiennent à l'un des Etats de l'Union. Il a paru qu'on devait aller plus loin, et que les œuvres avaient, elles aussi, une sorte de nationalité qui devait leur concilier le bienfait de la convention. A la conférence de 1883, M. Clunet avait prèsenté l'amendement suivant, soutenu par M. L. Ratisbonne et Bernhard: «Sont assimilés aux sujets ou citoyens de chacun des Etats contractants les sujets ou citoyens des Etats ne faisant pas partie de l'Union s'ils y sont domiciliés, ou s'ils ont fait paraitre, représenter ou exécuter leurs œuvres dans l'un des Etats de l'Union.» Combattu par M. Pouillet, cet amendement fut repoussé par l'Association. Mais le gouvernement suisse se l'appropria à la Conférence de 1884. Les délégués des Etats pensèrent qu'il y avait lieu de l'accueillir en en restreignant toutefois la portée de façon à exciter les Etats restés en dehors de l'Union à y entrer. En conséquence, on n'a pas admis que le bénéfice de la convention appartint à un auteur ressortissant à un pays non concordataire par le fait de la fixation de son domicile dans un des pays adhérents, ou même par la publication de son œuvre dans l'un de ces pays.

Mais, pour donner une formule juridique á la reconnaissauce de la nationalité de l'œuvre, on a fixé le droit sur la tête de l'éditeur. Si l'auteur d'une œuvre littèraire ou artistique n'est pas un ressortissaut de l'un des Etats de l'Union, il suffira, que son éditeur ait un établissement permanent et durable daus un de ces Etats (1) pour que l' œuvre soit protègée par la Convention. Les auteurs auront donc interêt à faire éditer leurs œuvres dans un des Etats de l'Union, au détriment des éditeurs des pays non contractants. C'est à ceux-ci à corriger cette infériorité en adhéraut á l'Union.

Il a èté entendu que le mot éditeur serait pris dans le sens le plus large de manièrè à pouvoir s'appliquer à l' entrepreneur de spectacles.

Définition des œuvres littéraires et artistiques. —(Art. 4.) Le texte de cet article est très explicatif; il a été fourni par l'avant-projet de l'Association. Les «arrangements de musique» en ont été distraits pour faire l'objet d'un article spécial (art. 10). Plusieurs addi-

---

(1) M. Numa Droz avance que la nationalité de l'éditeur est indifférente. (*Journal de Clunet* 1885, p. 489.)

tions y ont été faites, d'abord «les illustrations,» puis «les œuvres scientifiques.»

M. Clunet avait proposé à la conférence de 1883 de compléter ainsi le texte primitil: «les œuvres plastiques relatives à la géographie, à la topographie, à l'architecture et aux sciences naturelles.» Cet amendement combattu par MM. Pouillet, Lermina, et par M. Laurent de Rillé qui repoussait le mot «scientifique» pour ne pas «se voir contraint à protéger des figures géometriques ou des cubes,» fut écarté.

La Convention a fait sienne l'opinion rejétée en ajoutant à l'art 4: *les ouvrages plastiques relatifs à la géographie, à la topographie, à l'architecture, ou aux sciences en général.*

Photographie et chorégraphie. Système des Unions restreintes.—MM. Pouillet et Lermina avaient déclaré que l'Avant-projet n'entendait pas protéger les œuvres photographiques; mention expresse en avait été faite au proces-verbal de la séance du 12 septembre 1883.

En 1884 et 1885, la délégation française insista vivement pour que les photographies fussent expressément mentionnées dans l'art. 4 parmi les œuvres à protéger. Iln'était pas possible de satisfaire à ce désir, à raison de l'état législatif de plusieurs pays de l'Union.

Cette difficulté donna naissance à un expédient ingénieux, qui sera fécond en résultats. Il fut entendu que les Pays contractants, dont l'uniformité législative permettait un accord sur ce point, formeraient entre eux une Union restreinte à cet objet (1). Il en a été de même pour la chorégraphie, dont les créations ne sont pas expressément protégées par plusieurs législations. Le sys-

(1) Numa Droz, *Journal de Clunet*, 1886, p. 489.

tème des acords particuliers a été organisé par les art. 1 et 2 du procés-verbal de clôture.

ŒUVRES MANUSCRITES OU INÉDITES (art. 2, par. 1).— —La Commission de l'Avant-projet avait soumis à l'association cette formule: «Le droit des auteurs s'exerce sur leurs œuvres même manuscrites»; elle fut votée avec l'addition du mot «inédites», sur l'observation de M. Lebailly. M. Clunet avait proposé: «Sur leurs œuvres avant qu'elles ne soient publiées». La Conférence de 1885 a jugé inutile de statuer par un article spécial, et a décidé, par une rédaction plus heureuse, au cours de l'art. 2, que les auteurs jouissaient des droits qui leur étaient garantis pour leurs œuvres «soit publiées, soit non publiées.»

TRADUCTION (art. 5).—Cette question a soulevé les plus vives discussions. Lors des débats del'avant projet, MMrs. Pouillet, Lermina (1), Laurent de Rillé avaient brillamment soutenu l'assimilation complète et absolue du droit de traduction au droit de reproduction. Mr. Clunet et Teichmann, tout en adhèrant à ce principe en théorie, estimaient qu'il serait rejété par les Etats et qu'il y avait donc lieu, dans un intérêt de conciliation de réduire la durèe de la protection à dix ans. L'association ne consentit aucune transaction et vota l'assimilation pure et simple, pensant qu'elle avait le devoir supérieur d'affirmer le principe, dut-il y être fait échec dans la convention dèfinitive.

Dans les conférences diplomatiques, la France défendit énergiquement les desiderata de l'Association, mais quatre pays seulement admettent ce principe: l'Es-

(1) On lira avec intérêt le rapport présenté par *M. Lermina*, sur la question de la «traduction» au Congrès de l'Association à Londres en 1879. *Bull. assoc.* 1879 n.° 4.

pagne, la France, la Suisse et la Belgique, depuis sa loi récente du 22 mars 1886, art. 12 (1). Dans les relations internationales, seule, l'Espagne avait pris l'initiature de cette reconnaissance libérale dans les conventions passeés par elle en 1880 avec la France la Belgique, l'Italie et le Portugal.

La plupart des autres traités n'accordent aux auteurs un droit exclusif pour la traduction de leurs œuvres que pendant dix ans, et encore à condition que cette traduction ait paru dans les trois années del'œuvre originale. Les traités passés par la Grande-Bretagne ne dépassent même pas un délai de cinq ans. Plus court est encore le délai, en Suède-Norvège, en Autriche-Hongrie, etc.

La France était ainsi conduite à demander aux autres nations de modifier trop brusquement leurs lois particulières. Fallait-il rejeter del'union les pays moins avancés? «Ne valait-il pas mieux, comme l'a dit fort heureusement M. Numa Droz, faire progresser les retardataires sans d'ailleurs faire reculer personne?»

La convention s'est arrêtée à cette solution conciliante. L'auteur jouit du droit exclusif de faire ou d'autoriser la traduction de son œuvre pendant dix ans à partir de la publication originale, dans l'un des pays de l'union, et progrés notable, il n'est astreint à aucun délai pour commencer cette traduction.

Il a été en outre entendu que la convention n'accordait là qu'un minimum de protection. Le délai del'art. 6 n'est donc point impératif; il laisse subsister les droits plus étendus que la législation intérieure des pays de l'Union, ou les conventions particulières conclues entre eux, accordent déjà ou accorderont par la suite:

Reproductions licites.—extraits et citations.—

(1) Borchgrave, *Journal de Clunet*, 1887, p. 407.

CHRESTOMATHIES. — ARTICLES DE JOURNAUX ET DE REVUES (art. 7 et 8). — Cette question n'avait pas été abordée dans l'avant projet de l'Association, dont le but était plutot d'affirmer un certain nombre de principes que d'en déduire toutes les conséquences. Son importance pratique est grande dans les relations internationales: les conventions existantes la résolvent dans le sens de la liberté de reproduire des extraits, des fragments et même des morceaux entiers d'un ouvrage protégé, dans des œuvres d'enseignement, de sciences, ou dans des chrestomathies. La conférence de 1884 avait adopté une disposition semblable. Elle fut combattue par la France en 1885, qui en demandait la suppression pure et simple. Ce gouvernement faisait ressortir que les ouvrages scolaires sont ceux qui rapportent le plus et qu'en conséquence il n'est pas juste de piller les auteurs pour l'enrichissement de compilateurs ou d'éditeurs peu scrupuleux. Cependant il fallait tenir compte de l'état du droit conventionnel, et de la législation de plusieurs Etats qui considèrent les reproductions fragmentaires comme licites.

Le conflit était aigu. La convention l'a résolu en ne recherchant pas sur ce point une unification encore impossible, et en laissant à la législation de chaque pays de l'Union le soin de décider quand et comment sont licites les «emprunts à des œuvres littéraires et artistiques pour des publications destinées à l'enseignement ou ayant un caractère scientifique, ou pour des chrestomathies.»

Il a été entendu que cette disposition n'altérait en rien le droit de citation nécessaire pour les études critiques, commentaires, etc.

En ce qui concerne la reproduction des articles de journaux, revues, recueils périodiques, il avait été décidé en 1884 qu'elle était absolument interdite. M. Baetzmann, vice-président de l'Association et délégué de Norvège, a fait admettre un tempérament à cette prohibition en 1885. La Convention permet la reproduction des articles de journaux ou de recueils périodiques en principe, «à moins que les auteurs ou éditeurs ne l'aient expressément interdit.» Il suffit pour les recueils périodique que cette interdiction soit mentionnée en tête de chaque numéro du recueil.

Les articles de *discussion politique*, les *nouvelles du jour*, les *faits divers* sont librement reproduits. Cette faculté ne devrait cependant pas être étendue aux essais, articles de longue haleine publiés par les revues ou journaux sur des sujets même politiques ou sociaux (1). *Est modus in rebus.*

Un autre point a retenu l'attention des rédacteurs de la Convention. Plusieurs législations notamment celle de la Grande-Bretagne, de l'Espagne, de la Belgique (loi de 1886, art. 12), exigent que les emprunts faits aux journaux soient accompagnés de l'indication de la source. Une semblable disposition avait été proposée en 1885; elle fut rejetée, malgré son équité, comme d'une observation difficile dans les conditions courantes du journalisme.

Chaque pays reste libre de prescrire ce qui lui convient à cet égard. Mais le *Times* ne pourrait par exemple poursuivre le *Journal de Génève* qui aurait reproduit un de ses articles sans le citer, la loi suisse n'imposant pas l'obligation d'indiquer la source de la citation. Il le pourrait au contraire, si le journal trop discret s'appelait l'*Indépendance belge* ou *La Época*, la législation de Belgique et d'Espagne s'accordant sur ce point avec celle d'Angleterre.

---

(1) Numa Droz, *Journal de Clunet* 1885, p. 493.

Exécution publique des œuvres dramatiques, dramatico-musicales et musicales (art. 9).—L'Avant-projet de l'Association avait mentionné ces productions dans l'article qui définissait les œuvres littéraires et artistiques. La Convention en a fait l'objet d'un article séparé afin de mieux s'expliquer sur leur représentation publique. Celle-ci est interdite sans le consentement de l'auteur, que ces œuvres aient été publiées ou non. Quant aux œuvres musicales, si elle ont été publiées, pour que l'exécution publique en soit interdite, il faut que l'auteur l'ait déclaré sur le titre ou en tête de l'ouvrage.

L'article 3 du Procès-verbal de clôture a résolu la question, connue sous le nom, de *reproduction sonore.* Il a été déclaré que la fabrication et la vente d'instruments servant à reproduire mécaniquement des œuvres musicales ne constituent pas la contrefaçon musicale. C'est là une petite galanterie faite à la Suisse, qui a la specialité de l'industrie des boites à musique ; elle était bien due à un pays qui a tant travaillé à défendre le patrimoine des artistes.

La France avait donné d'ailleurs depuis longtemps l'exemple de cette concession dans une convention passée avec cet Etat en 1864, et renouvelée le 28 février 1882.

Adaptation, arrangements de musique, etc. (article 10).—L'appropriation indirecte, comprise dans notre langue sous le nom d'adaptation, était dénoncée depuis longtemps comme un acte illicite. L'Association avait plusieurs fois condamné ce procédé par la résolution votée dans les Congrès de Londres en 1879, de Vienne en 1882. La question, il faut le reconnaitre avait soulevé la controverse. L'adaptation, préconisée par M. Mendez Leal, ministre de Portugal (1), avait été attaquée dans

---

(1) *Bull. de l'Association,* 1879, n. 3.

un remarquable mémoire presenté par M. J. Claretie, actuellement administrateur de la Comédie française, au Congrés de l'Association, a Londres en 1879 (1).

L'éminent écrivain y signale d'une façon fort piquante, nombre de cas d'adaptation dont les romanciers et les auteurs dramatiques ont èté victimes. C'est une page très-curieuse de l'histoire des mœurs littéraires contemporaines.

L'avant-projet de l'Association avait èté sévère pour le mode de reproduction qu'elle considérait comme particuliérement déloyal : «L'adaptation sera considérèe comme contrefaçon et puni de la même manière.»

Les délégués des Etats se trouvèrent de suite d'accord pour frapper un agissement contraire à la loyanté et de nature â porter la plus sérieuse atteinte au droit de l'auteur. Néamoius le mot «adaptation» provoqua de nombreuses observations. Le terme ètait nouveau dans la langue juridique, et d'importation récente en français. M. Louis Ulbach le disait d'origine anglaise et destiné â couvrir et justifier une sorte de contrefaçon très commune en ce pays (2). Il faut reconnaitre que la définition de ce mot n'est pas encore assise.

Entendu dans plusieurs langues, et même dans les dictionnaires français avec un sens favorable, le vocable «adaptation» prend au contraire dans la bouche des personnes qui s'occupent des droits d'auteur une acception

---

(1) *Bull. de l'Association*, 1879, n. 4.

(2) On sait que la question de l'adaptation a fait l'objet entre l'Angleterre et la France de la convention spéciale du 11 aout 1875, dont le but a été d'abolir le par. 3 de l'art. 4 de la Convention prècédente du 3 nov. 1851, qui permettait les imitations ou adaptations faites de bonne foi, *Journal de Clunet* 1875. p. 398.—Le régime anglo-français de 1851 et 1875 va être remplacé par la Convention d'Union, *ital.*, 1887. p. 380.

voisine de malhonnêteté. Le gouvernement français avait tenté d'expliquer ce terme par l'insertion d'un paragraphe spécial au protocole de clôture. L'écueil de ce moyen était que le désaccord se perpétuait sur les mots employés pour la définition. *Omnis definitio periculosa*.

Les rédacteurs de le Convention ont préféré condamner d'une façon générale toute appropriation indirecte désignée sous les noms divers d'adaptation, arrangements etc; toute reproduction d'un ouvrage avec des changements non essentiels, etsans présenter le caractère d'une œuvre nouvelle.

Les tribunaux des différents pays de l'Union tieudront compte d'ailleurs des législations respectives quant à cette modalité de l'adaptation, qui sous le nom «d'arrangement» s'attaque aux œuvres musicales. En 1878, le congrès de la propriété artistique de Paris l'avait traitée durement aussi. Sur la proposition de MM. Pataille, Pouillet, Huard, Clunet, Laroze et Batz, la résolution suivante l'avait condamnée: «En matière d'œuvres musicales, les transcriptions et les arrangements, lorsqu'il ont lieu sans l'autorisation de l'auteur sont assimilès à la contrefaçon».

La convention d'Union, en comprenant «les arrangements de musique» parmi les œuvres illicites, a donné satisfaction à ce vœu.

Conditions a remplir pour agir en justice contre les contrafacteurs. Œuvres anonymes et pseudonymes.—(Art. 11.) Ces conditions sont des plus simples. Le seul fait de l'indication sur un ouvrage du nom de l'auteur protégé suffira pour constituer une présomption de son droit; pour la combattre il faudra faire la preuve contraire. Il est réservé toutefois aux tribunaux de pouvoir exiger, le cas échéant, la production d'un certificat délivré par l'autorité compétente constatant que les formalités requises par la loi de l'origine de l'œuvre ont èté accomplies.

Cette disposition donnera lieu à la promulgation de reglements nouveaux dans l'intérieur des Etats: car chez plusieurs d'entre eux, il n'y a pas d'autorité organisée pour la délivrance de tels certificats.

C'est une nouvelle application de l'art. 2 de la Convention qui subordonne la jouissance du droit de l'auteur à la régularité de la situation dans son propre pays.

Pour les œuvres anonymes et pseudonymes, l'éditeur dont le nom est indiqué sur l'ouvrage, est autorisé à sauvegarder les droits de l'auteur, dont il est réputé l'ayant cause.

Cet article constitue une addition à l'Avant-projet de l'Association.

Saisie des œuvres contrefaites (art. 12)—La sanction de la contrefaçon, c'est la saisie judiciaire, avec toutes ses conséquencer civiles et pénales. Les formalitès de la procédure, la rigueur de la répression sont laissées à la législation intérieure de chaque Etat.

Il est seulement spécifié que cette saisie pourra en outre être exercèe, au moment même de l'importation de l'œuvre contrefaite dans ceux des pays de l'Union où l'œuvre originale a droit à la protection légale. Cette disposition comporte la saisie en douane, et la faculté, pour ainsi dire, d'étouffer le mal dans l'œuf.

Cette disposition, dont l'avant-projet ne parlait pas, à été insérée sur l'avis du gouvernement suisse. Elle est utile dans un système comme celui de l'Union où, à raison de l'inégalité de la durèe de protection dans les différents pays qui la composent, la reproduction peut commencer à être licite dans un pays alors qu'elle ne l'est pas encore, ni dans celui d'origine, ni dans celui d'importation.

DROITS DE SOUVERAINETÉ RESERVÉS AUX GOUVERNEMENTS (art. 13).—La prérogative des gouvernements reste entière pour surveiller, interdire, dans l'intérieur de leurs territoires respectifs, la circulation, la représentation, l'exposition de tout ouvrage ou production. Il n'y à là qu'un attribut de la souveraineté, auquel aucun Etat ne peut renoncer.

FACULTÉ DE CONCLURE DES ARRANGEMENTS PARTICULIERS (art. 15).—Les gouvernements peuvent conclure entre eux des traités particuliers en tant que ces traitês confèrent ou conféreront des droits plus étendus que ceux de l'Union ou des stipulations non contraires à la Convention.

La Convention reste donc comme un minimun de protection au dessons duquel on ne peut pas descendre. Libre aux Etats, plus alertes dans la montée vers le progrès, à se consentir entre eux des conditions plus libérales, sous forme d'Unions restreintes. «Ces Unions ne tarderont pas en vertu de la force des principes—l'exemple de l'Union postale le prouve—à devenir aussi universelles que l'Union-mère» (1). Ainsi que nous l'avons signalé, un exemple de ces Conventions restreintes, en avance sur la Convention générale, est dèjà contenu dans l'article du protocole de clôture entre les Etats qui reconnaissent le caractère d'œuvres artistiques protégées à la photographie, et à la chorégraphie.

L'art. 15 réserve implicitement l'effet des conventions diplomatiques passées et futures entre les pays unionistes. Ainsi se trouve expliqué l'intérêt qu'offrent encore les conventions à conclure d'Etat à Etat. Cet article fait admirablement ressortir l'esprit et la portée de la Convention. Dans le domaine de la protection des

(1) Discours de clôture de M. Numa Droz, á la conférence de 1885.

œuvres de l'intelligence, elle est comme la colonne au de là de la quelle il n'est pas permis de reculer. Au rebours de l'inscription gravèe par Hercule, il convient d'y écrire ces mots: *Plus ultra*!

La valeur de cet article a d'ailleurs été jugée si considérable que les Etats signataires de la Convention ont tenu à lui donner la forme solennelle d'un article additionnel, qui en précise la portée dans le sens que nous venons d'indiquer.

Rétroactivité (art. 14).—Cette question présentait les plus grandes difficultés. Elles n'avaient pas échappé à l'Association (1). L'avant-projet disait d'abord: «la Convention s'applique à toutes les œuvres non encore tombèes dans le domaine public lors de la mise en vigueur de la Convention.»

Ce texte excluait de la protection les œuvres tombées dans le domaine public dans leur pays d'origine aussi bien que dans le pays dont la protection légale était requise. Ce système qui n'est-pas sans inconvénient est à peu près le seul auquel on puisse pratiquement aboutir dans des conventions internationales. L'exemple du traité hispano-français de 1880, et franco-allemand de 1884 en est une preuve.

M. Carl Batz, réprésentant de droits d'auteurs en Allemagne, amena la Conférence de 1883 à une formule plus absolue, qui n'excluait de la protection que les œuvres tombées dans le domaine public, dans *leur pays d'origine*. La règle était certes beaucoup plus avantageuse pour les auteurs; mais comme il était aisè à prévoir les délégués des Etats durent l'écarter immédiatement.

(1) Observations de MM. Pouillet, Clunet,—en sens contraire M. Batz. Conférence de Berne. *Bull. Association*, novembre 1883, p. 17 et 18.

Le jour où la Convention entrera en vigueur, comme l'a très bien dit M. Numa Droz, elle surprendra un état de fait qui ne sera pas partout conforme aux principes qu'elle proclame. Dans tel pays, des éditions non autorisées, mais que la loi ne punissait pas, seront en vente; la représentation d'œuvres dramatiques aura èté montée à grand frais; des pierres lithographiques seront préparées pour la reproduction d'œuvres artistiques, etc. Le régime nouveau, doit-il être appliqué impitoyablement, dès le premier jour, à tous ceux qui ont licitement jusqu'alors profité de l'absence de protection? Ou ne doit-on pas plutot consentir une tolérance temporaire en faveur, non pas de droits acquis, mais d'un état de fait préexistant?

La Convention d'Union a incliné vers le sytème conciliant que l'expérience recommandait. Malgré, toutla formulation définitive soulevait de telles controverses qu'on en a été réduit à l'expédient suivant. En principe, la Convention s'applique à toutes les œuvres non tombées dans le domaine public dans leur pays d'origine, sous réserve de conditions à déterminer d'un commun accord. Les réserves se sont traduites par l'art. 4 du procès-verbal de clôture, qui rappelle que l'application de la Convention aux œuvres non tombées dans le domaine public aura lieu conformément aux Conventions spéciales déjà existantes ou à conclure. A défaut de Conventions, les pays Unionistes regleront l'application du principe de l'art. 14 par des dispositions de droit interne.

Une telle solution manque évidemment de simplicité. Mais il fallait sortir d'un inextricable embarras, avec lequel la libre allure des Congrès privés n'a pas à compter. Il a paru qu'il était plus aisé pour deux Etats, aprés étude complète de leur situation réciproque en cette matière, de déterminer entre eux un *modus vivendi* transitoire, que d'établir un régime général pour un groupe d'Etats dans une matière, où les conditions de fait de chaque Etat sont si diverses. Un membre de la conférence de 1884 lançait à ce propos la bontade suivante : «Je donnerai sans hésiter la première chaire de droit public dans mon pays à celui qui serait en état de résoudre d'une manière satisfaisante un problème si ardu dans un délai de six mois ou même d'une année».

Bureau international (art. 16).—La création de ce bureau était demandée par l'Avant-projet. La convention décide qu'un office international es institué sous le nom de *Bureau del' Union internationale pour la protection des œuvres littéraires et artistiques*. Il est placé sous l'autorité de la confédération suisse.

Ses fonctions précisées par l'art. 5 du protocole de clôture, consisteront à centraliser les renseignements de tout nature relatifs aux droits des auteurs, à les coordonner, à les publier.

La langue officielle du bureau sera la langue française. Il rédigera une feuille périodique en cette langue sur les questions intéressant l'Union et fournira aux Etats adhérents les renseignements relatifs à la protection des œuvres littéraires et artistiques dont ils pourraient avoir besoin.

Révision de la convention.—Date et lieu de la prochaine conférence (art. 17 et 6 du protocole de Clôture).—Les rédacteurs de la Convention n'ont pas cru atteindre du premier coup le perfection. Ils ont modestement déclaré qu'elle constituait un pas en avant, et qu'il était réservé à l'avenir d'aller plus loin. En conséquence, il ont prévu que des améliorations pourraient être introduites dans le système de l'Union et ont fixé le principe de réunions périodiques pour étudier en commun les perfectionnements. Aucun changement cependant ne sera valable pour l'Union que moyennaut l'assentiment unanime des ses membres.

Restait à fixer la date de la prochaine réunion. L'Angleterre demandait qu'elle eut lieu seulement dans le délai de dix ans afin qu'une assez longue expérience pût révéler les changements à y apporter. L'Allemagne, la France et la Suisse, tout enapprouvant l'idée, trouvèrent le laps de temps trop long. Ons'arrêta au délai de quatre à six ans, à partir de l'entrée en vigueur de la Convention. Paris a été choisi comme lieu de le prochaine conférence. La fixation de la date est laissée à la discrétion du gouvernement français dans les limites indiquées. Cette réunion aura donc lieu entre le 5 décembre 1891 et le 5 décembre 1893.

Accession des pays restés en dehors de l'union (art. 18).—Les pays schismatiques, qu'on nous pardonne l'expression, auront toujours le loisir d'embrasser l'Evangile nouveau. Ils n'auront qu'à notifier au gouvernement suisse leur accesion à l'Union. Une seule condition est exigée du néophyte; c'est que sa législation intérieure assure aux auteurs, dans son territoire, les droits qui font l'objet de la Convention.

Colonies et possessions étrangères.—(Art. 19.) On sait qu'en principe les conventions diplomatiques conclues entre les Etats ne s'étendent pas, sans stipulation expresse, aux colonies et possessions étrangères des parties contractantes. C'est la thèse que nous avons soutenue dans une affaire où il s'agissait de savoir si un Cubain pouvait invoquer en France le traité conclu le 30 juin 1876 entre l'Espagne et la France pour la protection des marques de commerce, traité qui n'avait pas été étendu aux colonies respectives de ces deux pays. La cour de Paris a décidé le 5 juillet 1879 que le dit traité «ne faisant mention ni des colonies françaises, ni des possessions d'outre-mer» l'habitant de Cuba ne pouvait «en réclamer le bénéfice» devant la justice française» (1). Aussi, la Convention a-t-elle dit que les pays de l'Union devraient déclarer s'ils entendaient que la Convention s'appliquât à leurs colonies d'un façon générale, ou du moins à telle ou telle d'entr'elles.

Par application de cette disposition, lors de la rédaction du procès-verbal de signature, *l'Espagne* a déclaré qu'elle ferait connaître sa décision au moment de l'échange de ratifications (2).

La France: qu'elle adhérait pour toutes ses colonies.

La Grande-Bretagne: qu'elle adhérait également pour toutes ses colonies, sanf à dénoncer le Convention en tout temps, et dans les formes prévues, pour les possessions suivantes: Indes, Canada, Terre-Neuve, le Cap, Natal, Nouvelles Galles du Sud, Victoria, Queensland, Tasmanie, Australie Méridionale et Occidentale, Nouvelle Zélande.

Mise en vigueur et durée de la Convention (article 20). — La Convention entre en vigueur trois mois après l'échange des ratifications. Or cet échange ayant en lieu à Berne le 5 septembre 1887 (3), le point de départ de la Convention se trouve fixé à trois mois de cette date, soit le 5 Décembre 1887.

Sa durèe cet indéterminée. Elle produira effet jusqu'à l'expiration d'une année à partir du jour de sa dénonciation.

La dénonciation faite par le pays qui dèsire se retirer

---

(1) *Journal de Clunet*, 1879, p. 548.

(2) L'Espagne n'a jusqu'à préseut pas fait connaitre sa décision.

(3) Communication de M. Numa Droz au *Journal de Clunet*, 1887, p. 507.

de l'Union devra être adressée au gouvernement suisse. Cette retraite n'aura d'effet que pour l'Etat qui l'aura effectuée, la Convention demeurera exécutoire pour les autres Etats de l'Union.

Telles sont les principales dispositions de cette Convention, qui est avant tout, suivant l'expression du Président de la Conférence de 1885 «une affirmation éclatante de la conscience universelle en faveur du droit d'auteur.»

Son bilan est déjà riche, et les progrès qu'elle réalise sur l'état antérieur des législations particulières et du droit international constituent pour les œuvres de la pensée une conquête importante: assimilation de l'étranger au national, suppression des formalités multiples d'enregistrement et de dépôt, dispense du délai de trois années pour commencer les traductions, interdiction des contrefaçons serviles et des appropriations indirectes, fixation de présomptions claires et précises pour l'ouverture de l'action judiciaire, constitution d'unions restreintes plus avancées que l' Union générale, organisation d'un bureau international, etc.

En présence des résultats déjà obtenus, gage de ceux que l'avenir leur réserve, les auteurs et les artistes, les jurisconsultes ont de quoi se réjouir.

La portée de la Convention est plus haute encore; elle est vraiment «une œuvre de rapprochement fraternel entre les peuples» (1). Spectacle consolant qui témoigne, que malgré les rumeurs confuses d'armes remuées que l'on entend á notre époque, l'humanité n'en poursuit pas moins sa marche ascendante, vers la lumière et la paix!

(1) *Journal de Clunet*, 1885, p. 496.

ANNEXES.

1

LOI ESPAGNOLE RELATIVE À LA PROPRIÉTÉ INTELLECTUELLE DU 10 JANVIER 1879.

Gaceta de Madrid, 12 Janvier 1879 (1).

ARTICLE PREMIER. La propriété intellectuelle comprend, pour les effets de cette loi, les œuvres scientifiques, littéraires ou artistiques publiées par n'importe quel moyen.

ART. 2. La propriété intellectuelle appartient :

1. Aux auteurs, à l'égard de leurs propres œuvres.

2. Aux traducteurs à l'égard de leurs traductions si l'œuvre originale est étrangère et si les conventions internationales ne l'interdisent pas ou si, étant espagnole, elle est tombée dans le domaine public, ou si, dans le cas contraire, on a obtenu la permission de l'auteur.

3.° A ceux qui retouchent, copient, font des extraits,

(1) Cette traduction a été faite par M. Luis Simoes de Fonseca, pour l'Association littéraire et artistique internationale.
Nous nous sommes permis d'y faire quelques corrections.

abrègent ou reproduisent des ouvrages originaux, à condition que, lesdits ouvrages étant espagnols, ces travaux se soient faits avec la permission de leurs propriétaires.

4.° Aux éditeurs d'œuvres inédites qui n'ont pas de propriétaire connu ou de celles, aussi inédites, d'auteurs connus qui sont tombées dans le domaine public.

5.° Aux ayants droit de ceux antérieurement cités, dont les droits sont établis, soit par héritage, ou par tout autre titre translatif de propriété.

Art. 3. Les bénéfices de cette loi sont aussi applicables :

1. Aux auteurs des cartes, plans ou dessins scientifiques.

2. Aux compositeurs de musique.

3. Aux auteurs d'œuvres d' art à l'égard de la reproduction par n'importe quel moyen.

4. Aux ayants droit de ceux antérieurement cités.

Art. 4. Les bénéfices de cette loi concernent aussi :

1. L'Etat et ses corporations provinciales et municipales.

2. Les Instituts scientifiques, littéraires, artistiques ou de toute autre classe légalement établis.

Art. 5. La propriété intellectuelle sera régie par le droit commun sans autres restrictions que celles imposées par la loi.

Art. 6. La propriété intellectuelle appartient aux auteurs durant leur vie et se transmet à leurs héritiers, testamentaires ou directs, pour la durée de 80 ans. Elle est aussi transmissible par actes entre vifs et appartiendra aux acquéreurs pendant la vie de l'auteur et 80 ans après sa mort s'il ne laisse aucun héritier réservataires (*forzosos*). Mais s'il en laissait, le droit des acquéreurs prendra fin 25 ans après la mort de l'auteur, et deviendra la propriété des dits héritiers réservataires pour le temps de 55 ans.

Art. 7. Personne ne pourra reproduire les œuvres d'autrui sans la permission de leur propriétaire, ni les annoter, y faire des additions, ni améliorer l'édition; mais chacun pourra publier, comme son exclusive propriété, des commentaires critiques ou notes y référentes, mais seulement en y ajoutant le texte corrélatif.

Si l'œuvre est musicale, la prohibition s'étendra également à la publication totale ou partielle des mélodies, avec ou sans accompagnement, transposées ou arrangées pour d'autres instruments ou avec une clef différente, ou sous quelque autre forme qui ne soit pas celle publiée par l'auteur.

Art. 8. La publication d'une œuvre n'est pas nécessaire pour que la loi protège la propriété intellectuelle. Personne n'a le droit de publier sans autorisation de l'auteur une production scientifique, littéraire ou artistique, qu'on l'ait sténographiée, annotée ou copiée pendant sa lecture, son exécution ou exposition publique ou privée; on ne pourra le faire non plus pour les explications orales.

Art. 9. L'aliénation d'une œuvre d'art, sauf pacte en sens contraire, n'entraîne pas avec lui l'aliénation du droit de reproduction, ni celle du droit d'exposition publique de la même œuvre, qui restent réservées à l'auteur ou à son ayant-droit.

Art. 10. Pour pouvoir copier ou reproduire, dans les mêmes ou autres dimensions et par quelque moyen que ce soit, les œuvres d'art originales, existant dans des galeries publiques, pendant la vie de leurs auteurs, il faut le consentement préalable de ceux-ci.

Discours parlementaires.

Art. 11. L'auteur est propriétaire de ses discours parlementaires et ils peuvent être seulement réimprimés sans son consentement ou celui de son ayant-droit dans le Journal des Sessions (*Diario de las Sesiones*) du Corps législatif, et dans les journaux politiques.

Traductions.

Art. 12. Si la traduction se publie pour la première fois dans un pays étranger avec lequel il existe des traités pour la propriété intellectuelle, on se conformera aux stipulations qui y sont contenues pour résoudre les questions qui s'offriront, et dans le cas où il n'y aurait rien de résolu pour elles, conformément à la présente loi.

Art. 13. Les propriétaires d'œuvres étrangères jouiront aussi en Espagne de cette qualité à la condition de se soumettre aux lois de leur pays respectif, mais ils pourront seulement obtenir la propriété des traductions des dites œuvres pendant le temps où ils jouiront de celles des originaux dans le même pays, conformément à ses lois.

Art. 14. Le traducteur d'une œuvre qui sera tombée dans le domaine public aura seulement la propriété de sa traduction et ne pourra s'opposer à ce que d'autres la traduisent de nouveau.

Art. 15. Les droits, que concède l'art. 13 aux propriétaires d'œuvres étrangères en Espagne, seront seulement applicables aux nations qui accordent aux propriétaires d' œuvres espagnoles une complète réciprocité.

Procès et causes judiciaires.

Art. 16. Les parties seront propriétaires des pièces, actes, etc., qu'on aura présentés en leur nom dans tout procès ou cause judiciaire; mais ils ne pourront les publier sans obtenir la permission du tribunal qui aura prononcé la sentence, et qui l'accordera, quel qu'ait été le procès en cause si, à son avis, la publication n'offre aucun inconvénient, ni ne porte préjudice à aucune des parties.

Les avocats, qui auront été autorisés à publier leurs plaidoyers et les pièces, pourront les réunir en brochure avec l'autorisation du tribunal et le consentement de la partie adverse.

Art. 17. Pour publier des copies ou extraits de causes, ou de procès terminés, il faudra l'autorisation du tribunal qui aura rendu la sentence, lequel l'accordera ou non, sans aucun recours ultérieur.

Art. 18. Si deux personnes ou plus sollicitent l'autorisation de publier des copies ou extraits de causes ou procès jugés, le tribunal pourra, selon la circonstance, accorder aux uns et refuser aux autres, ou imposer les restrictions qu' il jugera convenables.

Œuvres dramatiques et musicales.

Art. 19. Ne pourra être exécutée au théâtre ni dans aucun lieu public, en tout ou en partie, aucune composition dramatique ou musicale sans le consentement préalable du propriétaire.

Les effets de ces articles atteignent les représentations données par des sociétés constituées sous quelque forme que ce soit, dès qu'il y a une contribution pécuniaire.

Art. 20. Les propriétaires d'oeuvres dramatiques ou musicales peuvent fixer librement les droits de représentation en accordant leur permission; mais, s'ils ne les fixent pas, ils pourront seulement réclamer ceux établis par les règlements.

Art. 21. Personne ne pourra faire, vendre ni louer aucune copie, sans l'autorisation du propriétaire, des œuvres dramatiques ou musicales, qui, après avoir été représentées en public, n' auraient pas été imprimées.

Art. 22. Sur les droits de représentation de toute œuvre lyrico-dramatique, une moitié appartiendra au propriétaire du livret et l'autre moitié à celui de la musique à moins d'accord préalable en sens différent.

Art. 23. L'auteur d'un livret ou composition quelconque mise en musique et exécutée en public sera maître exclusif d'imprimer et vendre son œuvre littéraire séparément de la musique et le compositeur de la dite musique pourra agir de même avec son œuvre musicale.

Dans le cas où l'auteur d'un livret empêcherait complétement sa représentation, l'auteur de la musique pourra l'appliquer à une nouvelle œuvre dramatique.

Art. 24. Les entreprises, sociétés ou particuliers qui, en procédant à l'exécution en public d' une œuvre dramatique ou musicale, l'annoncent en changeant son titre, en supprimant, altérant ou ajoutant quelques-uns de ses passages sans autorisation préalable de l'auteur, seront considérés comme usurpateurs de la propriété intellectuelle.

Art. 25. L'exécution, non autorisée, d'une œuvre dramatique ou musicale en lieu public sera punie des peines établies dans le Code et avec la perte du produit total de l'entrée qui sera remis intégralement au propriétaire de l'œuvre exécutée.

Œuvres anonymes.

ART. 26. Les éditeurs d'œuvres anonymes ou pseudonymes auront à l'égard de celles-ci les mêmes droits que les auteurs ou traducteurs sur les leurs, tant que l'on ne prouvera pas légalement qui est l'auteur ou traducteur oublié ou caché. Si ce fait se prouve, l'auteur ou traducteur ou leurs ayants droit se substitueront dans tous leurs droits aux éditeurs d'œuvres anonymes ou pseudonymes.

Œuvres posthumes.

ART. 27. Sont considérées comme œuvres posthumes, en outre de celles non publiées pendant la vie de l'auteur, celles qui l'auraient été pendant ce temps, si le même auteur, à sa mort les laisse retouchées, augmentées, annotées ou corrigées, de telle façon qu'elles puissent être réputées œuvres nouvelles. En cas de contestations devant les tribunaux, une décision arbitrale précédera la décision judiciaire.

Collections législatives.

ART. 28. Les lois, décrets, ordonnances royales, reglements et autres dispositions émanant des pouvoirs publics, peuvent s'insérer dans les journaux et dans d'autres œuvres dans lesquelles, par leur nature ou objet, il convient de les citer, commenter, critiquer ou copier à la lettre; mais personne ne pourra les publier seuls, ni en collection, sans la permission expresse du gouvernement.

Journaux.

Art. 29. Les propriétaires de journaux qui voudront s'en assurer la propriété et les assimiler aux productions littéraires pour la jouissance des bénéfices de cette loi présenteront, à la fin de chaque année, dans le registre de la propriété intellectuelle, trois collections des numéros publiés pendant la même année.

Art. 30. L'auteur ou traducteur d'écrits qui auraient été insérés, ou à l'avenir seraient insérés, dans des publications périodiques, ou ses ayants-droit, pourront les publier en collection, choisie ou complète, si une convention contraire n'est pas intervenue entre eux et le propriétaire du journal.

Art. 31. Les écrits et télégrammes insérés dans des publications périodiques pourront être reproduits par tout autre journal, à moins que la publication originale n'ait été précédée ou suivie d'une mention d'interdiction; mais on devra toujours indiquer le titre du journal où a eu lieu la production originale.

Collections.

Art. 32. L'auteur ou traducteur de diverses œuvres scientifiques, littéraires ou artistiques peut les publier, toutes ou plusieurs d'entre elles en collection, même s'il les a aliénées partiellement.

L'auteur de discours lus dans les Académies royales ou autres corporations peut les publier en collection ou séparément.

Les Académiciens jouissent de la même faculté à l'égard des autres écrits rédigés avec la permission ou par ordre des dites Académies, excepté ceux qui appartiennent indéfiniment à celles-ci comme destinés à l'enseignement spécial et constant de leur institut respectif.

Enregistrement.

Art. 33. Un registre général de la propriété intellectuelle sera établi au ministère de l'intérieur (Ministerio de Fomento). Dans toutes les Bibliothèques provinciales et dans celle de l'Institut d'enseignement secondaire des capitales de province, où les dites Bibliothèques manquent, on ouvrira un registre dans lequel on notera par ordre chronologique les œuvres scientifiques littéraires ou artistiques qui y seront présentées pour l'objet de la présente loi; on inscrira également dans le registre les gravures, lithographies, plans d'architecture, cartes géographiques ou géologiques et, en général, tout dessin de caractère artistique ou scientifique.

Art. 34. Les propriétaires des œuvres citées dans l'article anétrieur remettront signés aux Bibliothèques respectives, 3 exemplaires de chacune des dites œuvres, un devant rester déposé dans la même Bibliothèque provinciale ou de l'Institut, un autre pour le Ministère de l'Intérieur (Ministerio de Fomento) et le troisième pour la Bibliothèque nationale.

Après avoir obtenu des chefs de Bibliothèque le reçu correspondant et le certificat de l'inscription des œuvres au registre provincial les propriétaires s'adresseront au gouvernement civil afin que celui-ci fasse part au Ministère de l'Intérieur (Ministerio de Fomento) de l'inscription réalisée, et lui remette les deux exemplaires qui dans tous les cas appartiennent au Ministère lui-même et à la Bibliothèque nationale.

Les gouvernements civils enverront chaque semestre à la Direction générale de l'Instruction publique un état des inscriptions effectuées et de leurs changements ulterieurs, pour former le registre général de la propriété intellectuelle.

Art. 35. Les auteurs des œuvres scientifiques, littéraires ou artistiques seront exempts de tout impôt, contribution ou obligation résultant de l'inscription sur le registre.

Les lois fixeront l'impôt qui pèsera sur la transmission de la dite propriété.

Art. 36. Pour jouir des bénéfices de cette loi, il est nécessaire d'avoir mentionné sur le registre de la propriété intellectuelle le droit qu'on y a, conformément à ce qui a été établi par les articles antérieurs.

Quand une œuvre dramatique ou musicale aura été représentée en public, mais non imprimée, il suffira, pour jouir de ce droit, de présenter un seul exemplaire manuscrit de la partie littéraire, et un autre de même sorte des mélodies avec leur basse correspondante dans la partie musicale.

Le délai pour effectuer l'inscription sera d'une année à partir du jour de la publication de l'oeuvre; mais le propriétaire jouira des bénéfices de cette loi depuis le jour où commencera la publication et il les perdra seulement s'il ne remplit pas les conditions requises pendant l'année fixée pour l'inscription.

Art. 37. Les tableaux, statues, les bas ou haut reliefs, les modèles d'architecture ou de topographie, et en général toutes les œuvres de peinture, de sculpture ou de plastique sont dispensés de l'obligation du registre et du dépôt.

Mais, pour cela, leurs propriétaires ne cessent pas de jouir de tous les bénéfices que concèdent cette loi et le droit commun à la propriété intellectuelle.

Règles relatives à la Déchéance (caducidad.)

Art. 38. Toute œuvre non inscrite sur le registre de la propriété intellectuelle pourra être publiée de nouveau, réimprimée par l'Etat, les corporations scientifiques ou les particuliers pendant dix années à partir du jour de l'expiration du délai d'inscription.

Art. 39. S'il s'écoule une année en plus, après les dix, sans que ni l'auteur, ni son ayant-droit n'inscrivent l'œuvre sur le registre, cette œuvre tombera définitivement et absolument dans le domaine public.

Art. 40. Les œuvres non publiées de nouveau par leur propriétaire pendant vingt années, tomberont dans le domaine public, et l'Etat, les corporations scientifiques ou les particuliers pourront les reproduire sans les altérer, mais personne ne pourra s'opposer à ce que d'autres les reproduisent aussi.

Art. 41. Une œuvre ne tombera pas dans le domaine public, même après vingt années:

1° Quand l'œuvre étant dramatique, lyrico-dramatique ou musicale, après avoir été exécutée en public et la copie manuscrite déposée sur le registre, elle n'aura pas été imprimée par son propriétaire;

Et 2° Quand, après l'impression et la mise en vente de l'œuvre conformément à la loi, il s'écoule vingt années sans qu'elle ait été réimprimée, parce que son propriétaire aurait jugé que, pendant ce temps, il y en aurait eu assez d'exemplaires en vente publique.

Art. 42. Pour qu'une œuvre tombe dans le domaine public dans le cas exprimé par l'art. 40, il faut qu'elle soit l'objet d'une déclaration inscrite dans le registre de la propriété, et qu'en vertu de cette déclaration, le gouvernement somme le propriétaire de la réimprimer, en lui fixant à cet effet le délai d'une année.

ART. 43. Quand les œuvres se publieront par parties successives et non en une seule fois, les délais désignés par les articles 38, 39 et 40 partiront du jour où l'œuvre sera terminée.

ART. 44. Les articles 38, 39 et 40 n'auront pas d'application quand l'auteur, qui conserve la propriété de l'œuvre, avant l'expiration des délais fixés par ces articles, manifestera, par un acte public sa volonté que l'œuvre ne soit pas publiée. Le même droit, exercé dans la même forme, appartient à l'héritier, s'il agit d'accord avec un conseil de famille constituée de la manière qu'établira le règlement.

Pénalité.

ART. 45. En cas de fraudes au détriment de la propriété intellectuelle commises au moyen de la publication des œuvres auxquelles se réfère la présente loi celui qui sera convaincu d'en être l'auteur sera responsable en premier lieu et, à défaut de celui-ci, successivement l'éditeur et l'imprimeur, sauf preuve en sens contraire de leur non culpabilité respective.

ART. 46. Les ursupateurs de la propriété intellectuelle, en outre des peines que fixent l'art. 552 et corrélatifs du Code pénal en vigueur, encourront la perte de tous les exemplaires illégalement publiés, qui seront remis au propriétaire lésé.

ART. 47. La disposition antérieure sera applicable:

1° A ceux qui reproduiront en Espagne les œuvres de propriété particulière imprimées en espagnol pour la première fois en pays étranger;

2° A ceux qui contreferont le titre ou frontispice de

quelque œuvre que ce soit, ou imprimeront que l'édition s'est faite en Espagne, si elle s'est faite en pays étranger;

3° A ceux qui imiteront les dits titres de manière que le nouveau puisse être confondu avec l'ancien, selon le jugement des tribunaux;

4° A ceux qui importeront de l'étranger des œuvres dans lesquelles se sera produite l'usurpation avec la fraude des droits de douane, et sans préjudice de responsabilité fiscale;

Et 5° A ceux qui, par n'importe quel moyen, porteront préjudice à des auteurs étrangers, quand, entre l'Espagne et le pays d'où les dits auteurs sont sujets, il y a réciprocité.

Art. 48. Seront circonstances aggravantes de l'usurpation :

1° Le changement de titre d'une œuvre ou l'altération de son texte pour la publier;

Et 2° La reproduction à l'étranger, si elle s'introduit après en Espagne, et plus encore si on change le titre ou altère le texte.

Art. 49. Les tribunaux ordinaires appliqueront les articles compris dans ce titre dans la partie qui sera de leur compétence.

Les gouverneurs de province, dans les localités où ceux-ci ne résideraient pas, les alcades, décréteront, sur l'instance du propriétaire d'une œuvre dramatique ou musicale ou de son représentant, la suspension de l'exécution de la dite œuvre ou le dépôt du produit de l'entrée si elle suffit à garantir les droits de propriété de l'œuvre mentionnée. Si le dit produit ne suffit pas pour cet objet, l'intéressé pourra porter devant les tribunaux l'action judiciaire.

Droit international.

Art. 50. Les ressortissants d'Etats dont la législation reconnaît aux espagnols le droit de propriété intellectuelle dans les termes établis par cette loi, jouiront en Espagne des droits que la dite loi lui accorde, sans nécessité de traité ni d'intervention diplomatique moyennant l'action privée portée devantle juge compétent.

Art. 51. Dans le mois qui suivra celui de la promulgation de cette loi, le gouvernement dénoncera les traités de propriété littéraire passés avec la France, l'Angleterre, la Belgique, la Sardaigne, le Portugal, les Pays-Bas, et tâchera ensuite d'en ajouter de nouveaux avec autant de nations qu'il sera possible, en conformité des prescriptions de cette loi et selon les bases suivantes:

1° Complète réciprocité entre les deux parties contractantes.

2° Obligation de se traiter mutuellement comme la nation la plus favorisée.

3° Tout auteur ou son ayant-droit qui assurera selon les conditions légalement requises son droit de propriété dans l'un des deux pays contractants l'aura assuré dans l'autre sans de nouvelles formalités.

4° Sont interdites dans chaque pays l'impression, vente, importation et exportation d'œuvres en idiôme ou dialectes de l'autre pays, sauf l'autorisation du propriétaire de l'ouvrage original.

Effets légaux.

Art. 52. Les effets et bénéfices de cette loi atteignent, sauf les droits acquis sous l'action des lois antérieures:

1° Les œuvres dont la publication est commencée depuis le jour de la promulgation de cette loi.

2° Les œuvres qui au dit jour ne seraient pas tombées dans le domaine public.

Et 3° Les œuvres qui, bien que tombées dans le domaine public, seraient recouvrées par les auteurs ou traducteurs, ou par leurs héritiers conformément aux préscriptions de cette loi.

Transition de l'ancien au nouveau système.

Art. 53. La plus grande durée que recevra par cette loi la propriété intellectuelle profitera aux auteurs d'œuvres de toutes sortes et à leurs héritiers. Elle profitera également aux acquéreurs dans les termes établis par l'art. 6.

Art. 54. Les auteurs ou leurs ayants-droit, qui conformément à la présente loi sont en situation de revendiquer la propriété intellectuelle, pourront inscrire ce droit dans le registre officiel.

Art. 55. Les successeurs jusqu'au 4e degré des auteurs d'œuvres qui seraient tombées dans le domaine public pourront recouvrer le droit de propriété intellectuelle pour le temps qui manque à l'accomplissement des 80 années accordées par la présente loi s'ils remplissent pour leur part les formalités requises par elle; mais ils devront indemniser les éditeurs qui possèderaient lesdites œuvres imprimées de la valeur qu'à jugegement d'experts, auraient les exemplaires que l'on aurait inscrits sur le registre dans les deux mois suivant la promulgation de la présente loi.

Art. 56. Cette loi régira les îles de Cuba et de Puerto Rico dans les trois mois de sa promulgation à Madrid, et, dans les six mois à compter de cette même promulgation, dans l'archipel des Philippines.

ART. 57. Le gouvernement publiera le reglement et autres dispositions nécessaires pour l'exécution de cette loi, etc.

Fait au Palais le 10 janvier 1879.—Moi le Roi.

2

CONVENTION DU 16 JUIN 1880 ENTRE L'ESPAGNE ET LA FRANCE POUR LA GARANTIE RÉCIPROQUE DE LA PROPRIÉTÉ DES ŒUVRES D'ESPRIT ET D'ART.

Signée à Paris le 16 Juin 1880; promulguée au *Journal Officiel* du 22 Juillet 1880.— *Journal de Clunet*, 1880, p. 621.

Le Président de la République française et Sa Majesté le Roi d'Espagne, également animés du désir de garantir d'une manière plus efficace, en France et en Espagne, le droit de propriété sur les œuvres littéraires, scientifiques ou artistiques, ont résolu de conclure, à cet effet, une nouvelle Convention spéciale et ont nommé pour leurs plénipotentiaires, savoir :

Le Président de la République, M. C. de Freycinet, sénateur, président du Conseil, Ministre des Affaires étrangères, officier de la Légion d'honneur, etc., etc., et Sa Majesté le Roi d'Espagne, don Mariano Roca de Togores, marquis de Molins, vicomte de Rocamora, grand d'Espagne de 1ère classe, chevalier de la Toison d'Or, grand croix de l'ordre de Charles III, chevalier de Calatrava, grand croix de la Légion d'honneur, membre de l'Académie espagnole, sénateur, son ambassadeur à Paris.

Lesquels, après s'être communiqué leurs pleins pouvoirs trouvés en bonne et due forme, sont convenus des articles suivants :

Art. 1.—A partir du jour de la mise en vigueur de la présente Convention, les auteurs d'œuvres littéraires, scientifiques ou artistiques, ou leurs ayants-cause, qui justifieront de leur droit de propriété ou de cession totale ou partielle, dans l'un des deux Etats contractants, conformément à la législation de cet Etat, jouiront dans l'autre Etat, et sous cette seule condition et sans autres autres formalités, des droits correspondants et seront admis à les y exercer de la même manière et dans les mêmes conditions légales que les nationaux. Ces droits seront garantis aux auteurs des deux pays pendant toute leur vie, et après leur décès, pendant cinquante ans aux héritiers, donataires, légataires, cessionnaires ou à tous autres ayants-droit conformément à la législation du pays du défunt.

L'expression «œuvres littéraires, scientifiques ou artistiques» comprend les livres, brochures ou autres écrits; les œuvres dramatiques, les compositions musicales et arrangements de musique; les œuvres de dessin, de peinture, de sculpture, de gravure; les lithographies et illustrations, les cartes géographiques, les plans, croquis scientifiques et, en général, toute production quelconque du domaine littéraire, scientifique ou artistique, qui pourrait être publiée par n'importe quel système d'impression ou de reproduction connu ou à connaître.

Les mandataires légaux ou ayants-cause des auteurs, traducteurs, compositeurs et artistes jouiront réciproquement, et à tous égards, des mêmes droits que ceux que la présente Convention accorde aux auteurs, traducteurs, compositeurs et artistes eux-mêmes.

Art. 2.—Sont absolument prohibées, dans chacun des deux Etats contractans, l'impression, la publication, la vente, l'exposition, l'importation ou l'exportation d'ouvrages littéraires, scientifiques ou artistiques, effectuées sans le consentement de l'auteur, soit que les reproductions non autorisées proviennent de l'un des deux pays contractants, soit qu'elles proviennent d'un pays étranger quelconque.

La même prohibition s'applique également à la représentation ou à l'exécution, dans l'un des deux pays, des œuvres dramatiques ou musicales des auteurs et compositeurs de l'autre pays.

Art. 3. Les auteurs de chacun des deux pays, jouiront dans l'autre pays du droit exclusif de traduction sur leurs ouvrages, pendant toute la durée qui leur est accordée par la présente convention pour le droit de propriété sur l'œuvre en langue originale, la publication d'une traduction non autorisée étant de tous points assimilée à la réimpression illicite de l'ouvrage.

Les traducteurs d'œuvres anciennes ou d'œuvres modernes tombées dans le domaine public jouiront, en ce qui concerne leurs traductions, du droit de propriété, ainsi que des garanties qui y sont attachées; mais ils ne pourront pas s'opposer à ce que ces mêmes œuvres soient traduites par d'autres écrivains.

Les auteurs d'ouvrages dramatiques jouiront réciproquement des mêmes droits relativement à la traduction ou à la représentation des traductions de leurs ouvrages.

Art. 4. Les ouvrages paraissant par livraisons, ainsi que les articles littéraires, scientifiques ou critiques, les chroniques, romans ou feuilletons, et en général, tous écrits, autres que ceux de discussion politique publiés dans les journaux ou recueils périodiques par des auteurs de l'un des deux pays, ne pourront être reproduits ni traduits, dans l'autre pays, sans l'autorisation des auteurs ou de leurs ayants-cause.

Sont également interdites les appropriations indirectes non autorisées, telles que : adaptations, imitations dites de bonne foi, transcriptions ou arrangements d'œuvres musicales, et, généralement, tout emprunt quelconque aux œuvres littéraires, dramatiques ou artistiques, fait sans le consentement de l'auteur.

Toutefois, sera réciproquement licite la publication, dans chacun des deux pays, d'extraits ou de morceaux entiers d'ouvrages d'un auteur de l'autre pays, en langue originale ou en traduction, pourvu que ces publications soient spécialement appropriées et adaptées pour l'enseignement ou pour l'étude, et soient accompagnées de notes explicatives dans une langue autre que celle dans laquelle a été publiée l'œuvre originale.

Art. 5. En cas de contravention aux dispositions de la présente convention, les tribunaux appliqueront les peines déterminées par les législations respectives de la même manière que si l'infraction avait été commise au préjudice d'un ouvrage ou d'une production d'un auteur national.

Art. 6. Il est entendu que, si l'une des Hautes Parties contractantes accordait à un Etat quelconque, pour la garantie de la propriété intellectuelle, d'autres avantages que ceux qui sont stipulés dans la présente convention, ces avantages seraient également concédés, dans les mêmes conditions, à l'autre partie contractante.

Art. 7. Pour faciliter l'exécution de la présente convention, les deux Hautes Parties contractantes s'engagent à se communiquer réciproquement les lois, décrets ou règlements que chacune d'elles aurait promulgués ou pourrait promulguer à l'avenir, en ce qui concerne la garantie et l'exercice des droits de la propriété intellectuelle.

Art. 8. Les dispositions de la présente convention ne pourront, en quoi que ce soit, porter préjudice au droit que chacune des deux Hautes Parties contractantes se réserve expressément de permettre, de surveiller ou d'interdire par des mesures législatives ou administratives, la circulation, la représentation ou l'exposition de tout ouvrage ou objet à l'égard duquel l'un ou l'autre Etat jugera convenable d'exercer ce droit.

Art. 9. La présente convention sera exécutoire en France et en Espagne, ainsi que dans les colonies françaises et dans les provinces espagnoles d'outre-mer; elle entrera en vigueur après l'échange des ratifications, à l'époque qui sera fixée d'un commun accord entre les deux Gouvernements contractants.

Cette convention est destinée à remplacer celle du 15 Novembre 1853. Les dispositions en seront applicables aux ouvrage publiés, représentés ou exécutés depuis sa mise en vigueur.

Toutefois, les ouvrages dont la propriété serait encore garantie, à l'époque de cette mise en vigueur, par les dispositions de la convention de 1853, seront également appelés à bénéficier des avantages de la nouvelle convention pendant la vie de l'auteur et cinquante ans après son décès, ou, si l'auteur est déjà décédé, pendant tout le temps qui resterait à courir pour compléter la période de cinquante ans après son décès.

Le bénéfice des dispositions insérées au paragraphe précédent, pour les ouvrages publiés sous le régime de la convention de 1853, profitera exclusivement aux auteurs de ces ouvrages ou à leurs héritiers, et non pas aux cessionnaires dont la cession serait antérieure à la mise en vigueur de la présente convention.

ART. 10. La présente convention est conclue pour une durée de six ans à partir du jour où elle aura été mise en vigueur, et continuera ses effets jusqu'à ce qu'elle ait été dénoncée par l'une ou l'autre des Hautes Parties contractantes, et pendant une année encore après sa dénonciation.

Les Hautes Parties contractantes se réservent la faculté d'apporter, d'un commun accord, à la présente convention, toute amélioration ou modification dont l'expérience aurait démontré l'opportunité.

ART. 11. La présente convention sera ratifiée, et les ratifications en seront échangées, à Paris, le plus tôt que faire se pourra.

En foi de quoi, les Plénipotentiaires respectifs ont signé la dite convention et y ont apposé le sceau de leurs armes.

Fait à Paris, le 16 Juin 1880.

Signé: C. DE FREYCINET.

Signé: MARQUIS DE MOLINS.

Protocole de clôture.

Au moment de procéder à la signature de la Convention pour la garantie réciproque de la propriété des œuvres d'esprit et d'art, entre la France et l'Espagne, les Plénipotentiaires soussignés, jugeant nécesaire de préciser les avantages accordés par le troisième alinéa de l'article 9 aux auteurs d'œuvrages publiés sous le régime de la Convention antérieure du 15 novembre 1853, tout en réservant les droits qui pourraient être précédemment acquis par des tiers sur ces mêmes ouvrages, sont convenus de ce qui suit :

1° Le bénéfice des dispositions de la Convention conclue en date de ce jour est acquis aux ouvrages qui, publiés depuis moins de trois mois au moment de sa mise en vigueur, seraient encore dans le délai légal pour le depôt et l'enregistrement prescrits par l'art. 7 de la Convention de 1853, et ce, sans que les auteurs soient astreints à l'accomplissement de ces formalités ;

2° En ce qui concerne le droit de traduction des ouvrages dont la propriété sera, au moment de la mise en vigueur de la présente Convention, garantie encore par la Convention de 1853, la durée de ce droit, que cette dernière Convention limitait à cinq années, sera prorogée de la même manière que pour les ouvrages en langue originale et comme il est dit au troisième alinéa de de l'art. 9, dans le cas où le délai de cinq années ne serait pas encore expiré au moment de la mise en viguer de la nouvelle Convention, ou bien si, ce délai étant expiré, il n'a paru depuis aucune traduction non autorisée.

Dans le cas où une traduction non autorisée aurait paru depuis l'expiration du dit délai de cinq années et avant la mise en viguer de la nouvelle Convention, la publication des éditions successives de cette traduction ne constituera pas une contrefaçon, mais il ne pourra être publié d'autres traductions sans le consentement de l'auteur ou de ses ayant droit, pendant la durée fixée pour la jouissance de la propriété en langue originale.

Le présent protocole de clôture, qui sera ratifié en même temps que la Convention conclue en date de ce jour, sera considérée comme faisant partie intégrante de cette Convention et aura même force, valeur et durée.

En foi de quoi les Plénipotentiaires soussignés ont dressé le présent protocole et y ont apposé leurs signatures.

Fait à Paris, le 16 juin 1880.

Signé: C. DE FREYCINET.

Signé: MARQUIS DE MOLINS.

3

AVANT-PROJET DE CONVENTION POUR CONSTITUER UNE UNION GÉNÉRALE POUR LA PROTECTION DES DROITS DES AUTEURS SUR LEURS ŒUVRES LITTÉRAIRES ET ARTISTIQUES.

Voté dans la Conference tenue à Berne le 13 Septembre 1883, par l'Association littéraire et artistique internationale sous les auspices du Gouvernement fédéral suisse.

Art. 1. Les auteurs d'œuvres littéraires et artistiques parues, représentées ou exécutées dans l'un des Etats contractants à la seule condition d'accomplir les formalités exigées par la loi de ce pays, jouiront pour la protection de leurs œuvres dans les autres Etats de l'Union, quelle que soit d'ailleurs leur nationalité, des mêmes droits que les nationaux.

Art. 2. L'expression «œuvres littéraires ou artistiques» comprend: les livres, brochures, ou tous les autres écrits; les œuvres dramatiques ou dramatico-musicales, les compositions musicales avec ou sans paroles, et les arrangements de musique, les œuvres de dessin, de peinture, de sculpture, de gravure, les lithographies, les cartes géographiques, les plans, les croquis scientiques, et en général toute œuvre quelconque, littéraire, scientifique et artistique, qui pourrait être publiée par n'importe quel système d'impression ou de reproduction.

Art. 3.—Le droit des auteurs s'exerce également sur les œuvres manuscrites ou inédites.

Art. 4.—Les mandataires légaux ou ayants cause des auteurs jouiront, à tous égards, des mêmes droits que ceux accordés pas la présente Convention aux auteurs eux mêmes.

Art. 5.—Les auteurs ressortisant à l'un des Etats contractants jouiront, dans tous les autres Etats de l'Union, du droit exclusif de traduction pendant toute la durée de leur droit sur leurs œuvres originales.

Ce droit comprend les droits de publication, de représentation ou d'exécution.

Art. 6.—La traduction autorisée est protégée au même titre que l'œuvre originale.

Lors qu'il s'agit de la traduction d'une œuvre tombée dans le domaine public, le traducteur ne peut pas s'opposer à ce que la même œuvre soit traduite par d'autres écrivains.

Art. 7.—En cas d'infraction aux prescriptions qui précédent, les tribunaux compétents appliqueront les dispositions tant civiles que pénales, édictées par les législations respectives, comme si l'infraction avait été commise au préjudice d'un national.

L'adaptation sera considérée comme contrefaçon et poursuivie de la même manière.

Art. 8. La présente convention s'applique à toutes les œuvres non encore tombées dans le domaine public, dans le pays d'origine de l'œuvre au moment où la dite convention entrera en vigueur.

Art. 9. Il est entendu que les Etats de l'Union se réservent respectivement le droit de prendre séparément entre eux des arrangements particuliers pour la protection des œuvres littéraires et artistiques, autant que ces arrangements particuliers ne contreviendraient point aux dispositions de la présente convention.

Art. 10. Il sera établi un bureau central et international auquel seront déposés, par les soins des gouvernements des Etats de l'Union, les lois, décrets et réglements déjà promulgués, ou qui le seraient ultérieurement, concernant les droits des auteurs.

Ce bureau les réunira et publiera une feuille périodique rédigée en langue française où seront contenus tous les documents et renseignements utiles à faire connaître aux intéressés.

4

CONVENTION

CONCERNANT LA CRÉATION D'UNE UNION INTERNATIONALE POUR LA PROTECTION DES ŒUVRES LITTÉRAIRES ET ARTISTIQUES.

Signée à Berne le 9 Septembre 1886; ratifications échangées le 5 Septembre 1887; promulguée, pour la France, au *Journal Officiel* du 16 Septembre 1887.

Le Président de la République française, Sa Majesté l'empereur d'Allemagne, roi de Prusse, Sa Majesté le roi des Belges, Sa Majesté catholique le roi d'Espagne, en son nom Sa Majesté la reine régente du royaume, Sa Majesté la reine du Royaume-Uni de la Grande-Bretagne et d'Irlande, impératrice des Indes, le Président de la République d'Haïti, Sa Majesté le roi d'Italie, le Président de la République de Libéria, le Conseil fédéral de la Confédération Suisse, Son Altesse le bey de Tunis,

Egalement animés du désir de protéger d'une manière efficace et aussi uniforme que possible les droits des auteurs sur leurs œuvres littéraires et artistiques,

Ont résolu de conclure une convention à cet effet et ont nommé pour leurs plénipotentiaires, savoir:

Le Président de la *République française:*

Le sieur François-Victor-Emmanuel Arago, sénateur, ambassadeur de la République française près la Confédération suisse;

Sa Majesté l'empereur d'*Allemagne*, roi de Prusse:

Le sieur Otto von Bulow, conseiller intime actuel de légation et chambellan de Sa Majesté, son envoyé extraordinaire et ministre plénipotentiaire près la Confédération suisse;

Sa Majesté le roi des *Belges:*

Le sieur Maurice Delfosse, son envoyé extraordinaire et ministre plénipotentiaire près la Confédération suisse.

Sa Majesté catholique le roi d'*Espagne*, en son nom Sa Majesté la Reine régente du royaume:

Le sieur comte de la Almina, sénateur, envoyé extraordinaire et ministre plénipotentiaire près la Confédération suisse;

Le sieur don José Villa-amil y Castro, chef de section de la propriété intellectuelle au ministère de l'Instruction publique, docteur en droit civil et canonique, membre du corps facultatif des archivistes, bibliothécaires et archéologues, ainsi que des académies de l'histoire, des Beaux-arts de Saint-Ferdinand et de celle des sciences de Lisbonne;

Sa Majesté la Reine du Royaume-Uni de la *Grande-Bretagne* et d'Irlande, impératrice des Indes:

Sir Francis Ottiwel Adams, chevalier commandeur de l'ordre très distingué de Saint-Michel et Saint-George, compagnon du très honorable ordre du Bain, son envoyé extraordinaire et ministre plénipotentiaire à Berne; et

Le sieur John Henry Gibbs Bergne, compagnon de l'ordre très distingué de Saint-Michel et Saint-George, directeur au département des Affaires étrangères à Londres.

Le Président de la République d'*Haïti:*

Le sieur Louis-Joseph Janvier, docteur en médecine de la faculté de Paris, lauréat de la faculté de médecine de Paris, diplômé de l'école des sciences politiques de Paris (section administrative), diplômé de l'école des sciences politiques de Paris (section diplomatique), médaille décorative d'Haïti de troisième classe;

Sa Majesté le Roi d'*Italie:*

Le sieur Charles-Emmanuel Beccaria des marquis d'Incisa, chevalier des ordres des SS. Maurice et Lazare et de la Couronne d'Italie, son chargé d'affaires près la Confédération suisse;

Le Président de la République de *Libéria:*

Le sieur Guillaume Kœntzer, conseiller impérial, consul général, membre de la Chambre de commerce de Vienne;

Le conseil fédéral de la Confédération *Suisse:*

Le sieur Numa Droz, vice-président du conseil fédéral, chef du département du commerce et de l'agriculture;

Le sieur Louis Ruchonnet, conseiller fédéral, chef du département de justice et police;

Le sieur A. d'Orelli, professeur de droit à l'université de Zurich;

Son Altesse le bey de *Tunis:*

Le sieur Louis Renault, professeur à la faculté de droit de Paris et à l'école libre des sciences politiques, chevalier de la Légion d'honneur, chevalier de l'ordre de la Couronne d'Italie.

Lesquels, après s'être communiqué leurs pleins pouvoirs respectifs, trouvés en bonne et due forme, sont convenus des articles suivants:

Art. 1er.—Les pays contractatns sont constitués à l'état d'union pour la protection des droits des auteurs sur leurs œuvres littéraires et artistiques.

Art. 2.—Les auteurs ressortissant à l'un des pays de l'Union, ou leurs ayants-cause, jouissent, dans les autres pays, pour leurs œuvres, soit publiées dans un de ces pays, soit non publiées, des droits que les lois respectives accordent actuellement ou accorderont par la suite *aux nationaux.*

La jouissance de ces droits est subordonnée à l'accomplissement des conditions et formalités prescrites par la législation du pays d'origine de l'œuvre: elle ne peut excéder, dans les autres pays, la durée de la protection accordée dans le dit pays d'origine.

Est considéré comme pays d'origine de l'œuvre celui de la première publication, ou, si cette publication a lieu simultanément dans plusieurs pays de l'Union, celui d'entre eux dont la législation accorde la durée de protection la plus courte.

Pour les œuvres non publiées, le pays auquel appartient l'auteur est considéré comme pays d'origine de l'œuvre.

Art. 3.—Les stipulations de la présente convention s'appliquent également aux éditeurs d'œuvres littéraires ou artistiques publiées dans un des pays de l'Union, et dont l'auteur appartient à un pays qui n'en fait pas partie.

Art. 4. — L'expression «œuvres littéraires et artistiques» comprend les livres, brochures ou tous autres écrits, les œuvres dramatiques ou dramatico-musicales, les compositions musicales avec ou sans paroles: les œuvres de dessin, de peinture, de sculpture de gravure; les lithographies, les illustrations, les cartes géographiques; les plans, croquis et ouvrages plastiques, relatifs à la géographie, à la topographie, à l'architecture ou aux sciences en général; enfin toute production quelconque du domaine littéraire, scientifique ou artistique, qui pourrait être publiée par n'importe quel mode d'impression ou de reproduction.

Art. 5.—Les auteurs ressortissant à l'un des pays de l'Union, ou leurs ayants cause, jouissent, dans les autres pays, du droit exclusif de faire ou d'autoriser la *traduction* de leurs ouvagres *jusqu'à l'expiration de dix années* à partir de la publication de l'œuvre originale dans l'un des pays de l'Union.

Pour les ouvrages publiés par livraison, le délai de dix années ne compte qu'à dater de la publication de la dernière livraison de l'œuvre originale.

Pour les œuvres composées de plusieurs volumes publiés par intervalles, ainsi que pour les bulletins ou cahiers publiés par des sociétés littèraires ou savantes ou par des particuliers, chaque volume, bulletin ou cahier est, en ce qui concerne le délai de dix années, considéré comme ouvrage séparé.

Dans les cas prévus au présent article, est admis comme date de publication pour le calcul des délais de protection, le 31 décembre de l'année dans laquelle l'ouvrage a été publié.

Art. 6.—Les traductions licites sont protégées comme des ouvrages originaux. Elles jouissent, en conséquence, de la protection stipulée aux articles 2 et 3 en ce qui concerne leur reproduction non autorisée dans les pays de l'Union.

Il est entendu que, s'il s'agit d'une œuvre pour laquelle le droit de traduction est dans le domaine public, le traducteur ne peut pas s'opposer à ce que la même œuvre soit traduite par d'autres écrivains.

Art. 7.—Les articles de journaux ou de recueils périodiques publiés dans l'un des pays de l'Union peuvent être reproduits, en original ou en traduction, dans les autres pays de l'Union, à moins que les auteurs ou éditeurs ne l'aient expressément interdit. Pour les recueils, il peut suffire que l'interdiction soit faite d'une manière générale en tête de chaque numéro du recueil.

En aucun cas, cette interdiction ne peut s'appliquer aux articles de discussion politique ou à la reproduction des nouvelles du jour et des faits divers.

Art. 8. En ce qui concerne la faculté de faire licitement des emprunts à des œuvres littéraires ou artistiques pour des publications destinées à l'enseignement ou ayant un caractère scientifique, ou pour des chrestomathies, est réservé l'effet de la législation des pays de l'Union et des arrangements particuliers existants ou à conclure entre eux.

Art. 9. Les stipulations de l'article 2 s'appliquent à la représentation publique des œuvres dramatiques ou dramatico-musicales, que ces œuvres soient publiées ou non.

Les auteurs d'œuvres dramatiques ou dramatico-musicales, ou leurs ayants-cause, sont, pendant la durée de droit exclusif de traduction, réciproquement protégés contre la représentation publique non autorisée de la traduction de leurs ouvrages.

Les stipulations de l'article 2 s'appliquent également à l'exécution publique des œuvres musicales non publiées ou de celles qui ont été publiées, mais dont l'auteur a expressément déclaré sur le titre ou en tête de l'ouvrage qu'il en interdit l'exécution publique.

Art. 10. Sont spécialement comprises parmi les reproductions illicites auxquelles s'applique la présente convention, les appropriations indirectes non autorisées d'un ouvrage littéraire ou artistique, désignés sous des nom divers, tels que: adaptations, arrangements de musique, etc., lorsqu'elles ne sont que la reproduction d'un tel ouvrage, dans la même forme ou sous une autre forme, avec des changements, additions ou retranchements non essentiels, sans présenter d'ailleurs le caractère d'une nouvelle œuvre originale.

Il est entendu que, dans l'application du présent article, les tribunaux des divers pays de l'Union tiendront compte, s'il y a lieu, des réserves de leurs lois respectives.

Art. 11. Pour que les auteurs des ouvrages protégés par la présente convention soient, jusqu'à preuve contraire, considérés comme tels et admis, en conséquence, devant les tribunaux des divers pays d'Union à exercer des poursuites contre les contrefaçons, il suffit que leur nom soit indiqué sur l'ouvrage en la manière usitée.

Pour les œuvres anonymes ou pseudonymes, l'éditeur dont le nom est indiqué sur l'ouvrage est fondé à sauvegarder les droits appartenant à l'auteur. Il est, sans autres preuves, réputé ayant-cause de l'auteur anonyme ou pseudouyme.

Il est entendu, toutefois, que les tribunaux peuvent exiger, le cas échéant, la production d'un certificat délivré par l'autorité compétente, constatant que les formalités prescrites, dans le sens de l'article 2, par la législation du pays d'origine, ont été remplies.

Art. 12. Toute œuvre contrefaite peut être saisie à l'importation dans ceux des pays de l'Union où l'œuvre originale a droit à la protection égale.

La saisie a lieu conformément à la législation intérieure de chaque pays.

Art. 13. Il est entendu que les dispositions de la présente convention ne peuvent porter préjudice, en quoi que ce soit, au droit qui appartient au gouvernement de chacun des pays de l'Union de permettre, de surveiller, d'interdire, par des mesures de législation ou de police intérieure, la circulation, la représentation, l'exposition de tout ouvrage ou production à l'égard desquels l'autorité compétente aurait à exercer ce droit.

Art. 14. La présente convention, sous les réserves et conditions à determiner d'un commun accord, s'applique à toutes les œuvres qui, au moment de son entrée en vigueur, ne sont pas encore tombées dans le domaine public dans leur pays d'origine.

Art. 15. Il est entendu que les Gouvernements des pays de l'Union se réservent respectivement le droit de prendre séparément, entre eux, des arrangements particuliers, en tant que ces arrangements. confèreraient aux auteurs ou à leurs ayants-cause des droits plus étendus que ceux accordés par l'Union, ou qu'ils renfermeraient d'autres stipulations non contraires à la présente Convention.

Art. 16. Un office international est institué sous le nom de bureau de l'Union internationale pour la protection des œuvres littéraires et artistiques.

Ce bureau, dont les frais sont supportés par les administrations de tous les pays de l'Union, est placé sous la haute autorité de l'administration supérieure de la

Confédération suisse, et fonctionne sous sa surveillance. Les attributions en sont déterminées d'un commun accord entre les pays de l'Union.

Art. 17. La présente convention peut être soumise à des révisions en vue d'y introduire les améliorations de nature à perfectionner le système de l'Union.

Les questions de cette nature, ainsi que celles qui intéressent à d'autres points de vue le développement de l'Union, seront traitées dans des conférences qui auront lieu successivement dans les pays de l'Union entre les délégués des dits pays.

Il est entendu qu'aucun changement à la présente convention ne sera valable pour l'Union que moyennant l'assentiment unanime des pays qui la composent.

Art. 18. Les pays qui n'ont point pris part à la convention et qui assurent chez eux la protection légale des droits faisant l'objet de cette convention, seront admis à y accéder sur leur demande.

Cette accession sera notifiée par écrit au gouvernement de la Confédération suisse, et par celui-ci à tous les autres.

Elle emportera, de plein droit, adhésion à toutes les clauses et admission à tous les avantages stipulés dans la convention.

Art. 19. Les pays accédant á la présente convention ont aussi le droit d'y accéder en tout temps pour leurs colonies ou possessions étrangères.

Ils peuvent, à cet effet, soit faire une déclaration générale par laquelle toutes leurs colonies ou possessions sont comprises dans l'accession, soit nommer expressément celles qui y sont comprises, soit se borner à indiquer celles qui en sont exclues.

Art. 20. La présente convention sera mise à exécution trois mois après l'échange des ratifications, et demeurera en vigueur pendant un temps indéterminé, jusqu'à l'expiration d'une année à partir du jour où la dénonciation en aura été faite.

Cette dénonciation sera adressée au Gouvernement chargé de recevoir les accessions. Elle ne produira son effet qu'à l'égard du pays qui l'aura faite, la convention restant exécutoire pour les autres pays de l'Union.

Art. 21. La présente convention sera ratifiée, et les ratifications en seront échangées à Berne, dans le délai d'un an plus tard.

En foi de quoi, les plénipotentiaires respectifs l'ont signée et y ont apposé le cachet de leurs armes.

Fait à Berne, le neuvième jour du mois de Septembre de l'an mil huit cent quatre-vingt-six.

Pour la France, EMM. ARAGO.

Pour l'Allemagne, OTTON VON BULOW.

Pour la Belgique, MAURICE DELFOSSE.

Pour l'Espagne, COMTE DE LA ALMINA ; JOSÉ VILLA-AMIL Y CASTRO.

Pour la Grande-Bretagne, F.-O. ADAMS; J.-H.-G. BERGNE.

Pour Haïti, LOUIS-JOSEPH JANVIER.

Pour l'Italie, E. DI BECCARIA.

Pour Libéria, KŒNTZER.

Pour la Suisse, DROZ; L. RUCHONNET; A. D'ORELLI.

Pour la Tunisie, L. RENAULT.

Article additionnel. — Les plénipotentiaires réunis pour signer la convention concernant la création d'une union internationale pour la protection des œuvres littéraires et artistiques, sont convenus de l'article additionnel suivant, qui sera ratifié en même temps que l'acte auquel il se rapporte:

La convention conclue à la date de ce jour n'affecte en rien le maintien des conventions actuellement existantes entre les pays contractants, en tant que ces conventions confèrent aux auteurs ou à leurs ayants-cause des droits plus étendus que ceux acordés par l'Union, ou qu'elles renferment d'autres stipulations qui ne sont pas contraires à cette convention.

En foi de quoi, les plénipotentiaires ont signé le présent article additionnel.

Fait à Berne, le neuvième jour du mois de septembre de l'an mil huit cent quatre-vingt-six.

Pour la France, Emm. Arago.

Pour l'Allemagne, Otton Von Bulow.

Pour la Belgique, Maurice Delfosse.

Pour l'Espagne, Almina; Villa-amil.

Pour la Grande-Bretagne, F.-O. Adams; J.-H.-G. Bergne.

Pour Haïti, Louis Joseph Janvier.

Pour l'Italie, E. di Beccaria.

Pour Libéria, Kœntzer.

Pour la Suisse, Droz; L. Ruchonnet; A. d'Orelli.

Pour la Tunisie, L. Renault.

Protocole de clôture.

Au moment de procéder à la signature de la convention conclue à la date de ce jour, les plénipotentiaires soussignés ont déclaré et stipulé ce qui suit:

1. Au sujet de l'article 4, il est convenu que ceux des pays de l'Union où le caractère d'œuvres artistiques n'est pas refusé aux œuvres photographiques s'engagent

à les admettre, à partir de la mise en vigueur de la convention conclue en date de ce jour, au bénéfice de ses dispositions. Ils ne sont d'ailleurs, tenus de protéger les auteurs des dites œuvres, sauf les arrangements internationaux existants ou à conclure, que dans la mesure où leur législation permet de le faire.

Il est entendu que la photographie autorisée d'une œuvre d'art protégée jouit, dans tous les pays de l'Union, de la protection légale, au sens de la dite convention, aussi longtemps que dure le droit principal de reproduction de cette œuvre même, et dans les limites des conventions privées entre les ayants-droit.

2. Au sujet de l'article 9, il est convenu que ceux des pays de l'Union dont la législation comprend implicitement, parmi les œuvres dramatico-musicales, les œuvres chorégraphiques, admettent expressément les dites œuvres au bénéfice des dispositions de la convention conclue en date de ce jour.

Il est d'ailleurs entendu que les contestations qui s'élèveraient sur l'application de cette clause demeurent réservées à l'appréciation des tribunaux respectifs.

3. Il est entendu que la fabrication et la vente des instruments servant à reproduire mécaniquement des airs de musique empruntés au domaine privé ne sont pas considérés comme constituant le fait de contrefaçon musicale.

4. L'accord commun prévu à l'article 14 de la convention est déterminé ainsi qu'il suit :

L'application de la convention aux œuvres non tombées dans le domaine public au moment de sa mise en vigueur aura lieu suivant les stipulations y relatives contenues dans les conventions spéciales existantes ou à conclure à cet effet.

A défaut de semblables stipulations entre pays de

l'union, les pays respectifs régleront, chacun pour ce qui le concerne, par la législation intérieure, les modalités relatives à l'application du principe contenu à l'article 14.

5. L'organisation du bureau international prévu à l'article 16 de la convention sera fixée par un réglement que le Gouvernement de la confédération suisse est chargé d'élaborer.

La langue officielle du bureau international sera la langue française.

Le bureau international centralisera les renseignements de toute nature relatifs à la protection des droits des auteurs sur leurs œuvres littéraires et artistiques. Il les coordonnera et les publiera. Il procédera aux études d'utilité commune intéressant l'Union et rédigera, à l'aide des documents qui seront mis à sa disposition par les diverses administrations, une feuille périodique, en langue française, sur les questions concernant l'objet de l'Union. Les gouvernements des pays de l'Union se réservent d'autoriser, d'un commun accord, le bureau à publier une édition dans une ou plusieurs autres langues pour le cas où l'expérience en aurait démontré le besoin.

Le bureau international devra se tenir en tout temps à la disposition des membres de l'Union pour leur fournir, sur les questions relatives à la protection des œuvres littéraires et artistiques, les renseignements spéciaux dont ils pourraient avoir besoin.

L'administration du pays où doit siéger une conférence préparera, avec le concours du bureau international, les travaux de cette conférence.

Le directeur du bureau international assistera aux séances des conférences et prendra part aux discussions sans voix délibérative. Il fera sur sa gestion un rapport annuel qui sera communiqué à tous les membres de la Union.

Les dépenses du bureau de l'Union internationale seront supportées en commun par les pays contractants. Jusqu'à nouvelle décision, elles ne pourront pas dépasser la somme de soixante mille francs par année. Cette somme pourra être augmentée au besoin par simple décision d'une des conférences prévues par l'article 17.

Pour déterminer la part contributive de chacun des pays dans cette somme totale des frais, les pays contractants et ceux qui adhéraient ultérieurement à l' Union seront divisés en six classes contribuant chacune dans la proportion d'un certain nombre d'unités, savoir :

1ère classe.	25 unités.
2e —	20 —
3e —	15 —
4e —	10 —
5e —	5 —
6e —	3 —

Ces coefficients seront multipliés par le nombre des pays de chaque classe, et la somme des produits ainsi obtenus fournira le nombre d'unités par lequel la dépense totale pourra être divisée. Le quotient donnera le montant de l'unité de dépenses.

Chaque pays déclarera, au moment de son accession, dans laquelle des susdites classes il demande à être rangé.

L'administration suisse préparera le budget du bureau et en surveillera les dépenses, fera les avances nécessaires et établira le compte annuel qui sera communiqué à toutes les autres administrations.

6. La prochaine conférence aura lieu à Paris dans le

délai de quatre à six ans, à partir de l'entrée en vigueur de la convention.

Le gouvernement français en fixera la date dans ces limites, après avoir pris l'avis du bureau international.

7. Il est convenu que, pour l'échange des ratifications prévu à l'article 21, chaque partie contractante remettra un seul instrument, qui sera déposé, avec ceux des autres pays, aux archives du gouvernement de la confédération suisse. Chaque partie recevra en retour un exemplaire du procès-verbal d'échange des ratifications signé par les plénipotentiaires qui y auront pris part.

Le présent protocole de clôture, qui sera ratifié en même temps que la convention conclue à la date de ce jour, sera considéré comme faisant partie intégrante de cette convention, et aura même force, valeur et durée.

En foi de quoi les plénipotentiaires respectifs l'ont revêtu de leur signature.

Fait à Berne, le neuvième jour du mois de septembre de l'an mil huit cent quatre-vingt-six.

Pour la France: EMM. ARAGO.

Pour l'Allemagne: OTTO VON BULOW.

Pour la Belgique: MAURICE DELFOSSE.

Pour l'Espagne: ALMINA VILLA-AMIL.

Pour la Grande-Bretagne: F.-O. ADAMS, J.-H.-G. BERGNE.

Pour Haïti: LOUIS-JOSEPH JANVIER.

Pour l'Italie: E. DI BECCARIA.

Pour Libéria: KŒNTZER.

Pour la Suisse: DROZ, L. RUCHONNET. A D'ORELLI.

Pour la Tunisie: L. RENAULT.

PROCÈS-VERBAL DE SIGNATURE.

Les plénipotentiaires soussignés, réunis ce jour à l'effet de procéder à la signature de la convention concernant la création d'une Union internationale pour la protection des œuvres littéraires et artistiques, ont échangé les déclarations suivantes:

1° En ce qui concerne l'accession des colonies ou possessions étrangères prévues à l'article 19 de la convention:

Les plénipotentiaires de Sa Majesté catholique le roi d'Espagne réservent pour leur gouvernement la faculté de faire connaître sa détermination au moment de l'échange des ratifications.

Le plénipotentiaire de la République française déclare que l'accession de son pays emporte celle de toutes les colonies de la France.

Les plénipotentiaires de Sa Majesté Britannique déclarent que l'accession de la Grande-Bretagne à la convention pour la protection des œuvres littéraires et artistiques comprend le Royaume-Uni de la Grande-Bretagne et d'Irlande et toutes les colonies et possessions étrangères de Sa Majesté Britannique.

Ils réservent toutefois au Gouvernement de Sa Majesté Britannique la faculté d'en annoncer en tout temps la dénonciation séparément pour une ou plusieurs des colonies ou possessions suivantes, en la manière prévue par l'article 20 de la convention, savoir: les Indes, le Dominion du Canada, Terre-Neuve, le Cap, Natal, la Nouvelle-Galles du Sud, Victoria, Queensland, la Tasmanie, l'Australie méridionale, l'Australie occidentale et la Nouvelle-Zélande.

2° En ce qui concerne la classification des pays de l'Union au point de vue de leur part contributive aux frais du bureau international (chiffre 5 du protocole de clôture).

Les plénipotentiaires déclarent que leurs pays respectifs doivent être rangés dans les classes suivantes, savoir :

Allemagne.	dans la	1re	classe.
Belgique.	—	3e	—
Espagne.	—	2e	—
France.	—	1re	—
Grande-Bretagne..	—	1re	—
Haïti.	—	5e	—
Italie..	—	1re	—
Suisse.	—	3e	—
Tunisie..	—	6e	—

Le plénipotentiaire de la République de Libéria déclare que les pouvoirs qu'il a de son Gouvernement l'autorisent à signer la convention, mais qu'il n'a pas reçu d'instructions quant à la classe où le pays entend se ranger au point de vue de sa part contributive aux frais du bureau international. En conséquence, il réserve sur cette question la détermination de son gouvernement, qui la fera connaître lors de l'échange des ratifications.

En foi de quoi, les plénipotentiaires respectifs ont signé le présent procès-verbal.

Fait à Berne, le neuvième jour du mois de Septembre de l'an mil huit cent quatre-vingt-six.

Pour la France, EMMANUEL ARAGO.
Pour l'Allemagne, OTTO VON BULOW.
Pour le Belgique, MAURICE DELFOSSE.
Pour l'Espagne, ALMINA VILLA-AMIL.

Pour Haiti, LOUIS JOSEPH JANVIER.

Pour la Grande-Bretagne, F.-O. ADAMS; J.-H.-G. BERGNE.

Pour l'Italie, F. di BECCARIA.

Pour Libéria, KŒNTZER.

Pour la Suisse, DROZ; L. RUCHONET; A. D'ORELLI.

Pour la Tunisie, L. RENAULT.

TABLE.

ANNEXES.

DU MÊME AUTEUR

CHEZ MARCHAL ET BILLARD (EDITEURS)

27, place Dauphine, à Paris

Journal du Droit international privé (1874-1887), 14 vol. in-8°, avec tables, un an : 18 fr.

Questions de droit relatives à l'Exposition internationale de 1878, in-8°.

Concordance des résolutions du congrès de la propriété artistique, avec les dispositions déjà admises dans les Congrès, la législation et les traités diplomatiques des principaux pays, in-8°, 1879.

Etat actuel des relations internationales avec les Etats-Unis en matière de marques de fabrique, in-8°, 1880.

Du défaut de validité de plusieurs traités diplomatiques conclus par la France avec les puissances étrangères (2e édit.) 188[illegible].

Un etranger peut-il pratiquer une saisie-arrêt en France sans être Français? in-8°, 1882.

Offenses et actes hostiles commis par des particuliers contre un Etat étranger (2e édit.) in-8°, 1887.

Questions de droit relatives à l'incident franco allemand de Pagny (*affaire Schnœbelé*) in-8°, 1887.

EN PRÉPARATION

Répertoire général alphabétique du droit international privé (en collaboration avec les Rédacteurs du Journal) plusieurs vol. gr. in-8° à 2 col.

Commentaire théorique et pratique de la convention d'Union internationale pour la protection des œuvres littéraires et artistiques du 9 septembre 1886 avec le texte des lois et traités qui s'y rattachent, in-8°.

Commentaire théorique et pratique de la convention d'Union pour la protection de la propriété industrielle de 1883, in-8°

www.ingramcontent.com/pod-product-compliance
Ingram Content Group UK Ltd.
Pitfield, Milton Keynes, MK11 3LW, UK
UKHW031920260826
14628UKWH00003B/1320

9 782019 664534